KB206481

조선의 도인들

새 세상을 열망한 종교적 상상력

조선의 도인들

초판 발행일 ┃ 2012년 12월 25일

지은이 ┃ 최준식
펴낸이 ┃ 유재현
출판감독 ┃ 강주한
편집 ┃ 박수희
마케팅 ┃ 장만
디자인 ┃ 박정미
인쇄·제본 ┃ 영신사
종이 ┃ 한서지업사

펴낸곳 ┃ 소나무
등록 ┃ 1987년 12월 12일 제2-403호
주소 ┃ 121-830 서울시 마포구 상암동 11-9 201호
전화 ┃ 02-375-5784   **팩스** ┃ 02-375-5789
전자우편 ┃ sonamoopub@empas.com
전자집 ┃ http://cafe.naver.com/sonamoopub

ⓒ 최준식, 2012

ISBN 978-89-7139-083-2   03200
책값 10,000원

조선의 도인들

새 세상을 열망한 종교적 상상력

소나무

글 싣는 순서

4

서문

내가 이 책에서 다루는 분들의 종교 사상에 대해 관심이 있었던 것은 1970년대 중반이었으니 꽤 오래된 일이다. 지금도 크게 다르지는 않지만 그때는 내가 상당히 민족주의적인 성향에 기울어 있었던 터라 우리 땅에서 나온 종교가들이 마냥 좋았다. 당시는 아직 동학(천도교)이나 원불교는 본격적으로 접하지 못한 상태였고 증산 사상에 심취해 있었다. 그러다 결국 박사 논문을 증산과 관계된 것을 쓰고 말았다. 그러나 증산에 대해서만 쓴 것이 아니라 상당 부분을 중국의 종교 사상에 할애해 그것과 증산 사상과의 상관성을 연구했다.

당시까지 나는 동학[■]이나 원불교를 본격적으로 연구하지는 않았다. 내가 이 종교 사상들에 첨예한 관심을 갖고 주밀

[■] 나는 개인적으로 천도교보다는 동학이라는 용어를 좋아한다. 동학이라고 해야 진짜 우리 것 같은 느낌이 들기 때문이다. 아울러 이 이름은 수운이 직접 지은 것이라 그의 향취(香臭)가 나서 더더욱 좋다.

하게 판 것은 학위가 끝난 다음이었다. 그리곤 곧 결론을 내렸다. 이 종교 사상이야말로 한국을 구하고 더 나아가서 세계에 큰 빛을 선사할 수 있는 최고의 사상이라고 말이다. 그래서 어서 이 종교들을 세운 교주들의 가르침을 널리 알리고 싶은 마음에 이 가르침들을 쉽게 풀어서 쓴 책—『한국의 스승』(창, 1991)과 『개벽 시대를 여는 사람들』(주류성, 1998) 등—을 출간했다. 결과는 예상 밖의 참패였다. 극히 일부의 이 종단 관계자들을 빼고는 거의 어느 누구도 관심을 갖지 않았기 때문이다.

나는 이런 현실이 이상했다. 왜냐하면 한국인들이 그리도 훌륭한 사상을 만들어 내놓고 정작 본인들은 다른 종교에서 헤매고 있으니 말이다. 그러면 왜 이들 종교가 훌륭하다는 걸까? 여기에 대해서 얼마든지 길게 설명할 수 있지만 지면 관계상 다 생략하고 한 가지만 들어보자.

한국인들은 본인들이 명확하게 자각을 하고 있지는 않지만 지금 새로운 세계관을 열렬하게 찾고 있다. 그들은 자신들이 조선 이래로 고수하고 있던 유교를 걷어 내고 현대에 맞는 세계관을 찾고 있는 것이다. 사실 유교는 현대에 잘 안 맞는 부분이 많다. 예를 들어 아직도 나이나 직함을 따져서 위아래를 나누고 권위를 내세우는 것은 오늘날 최첨단 정보 사회에는 어울리지 않는다. 그런가 하면 아직도 남녀차별을 해소하지 못하는 것도 우리가 유교를 전적으로 극복한 것이 아니기 때문이다.

그런데 사실 우리는 이미 유교를 제대로 극복한 가르침을 만들어 냈다. 그 선두 주자가 바로 동학이다. 동학에서는 우리 모두가 한울님을 모신 존재이기 때문에 서로 공경해야 한다고 진즉에 가르쳤다. 그래서 어린이에게도 존댓말을 쓰자는 식의 어린이 인권 운동이 나왔고 남녀평등을 누구보다도 강렬하게 부르짖었다. 이런 것 외에 증산이나 원불교에서도 가없이 높은 가르침들이 많이 발견된다.■

이 시점에서 잠시 설명하고 싶은 것은 이 책에서는 왜 이 종교들에 대해서만 보는지에 대한 것이다. 한국의 신종교에 밝은 독자 가운데에는 한국의 신종교에는 이들 종교 외에도 다른 교단들이 많은데 왜 이 종교들만 다루는지 의아해 할

■ 이 가르침들에 관심이 있는 독자들이 읽을 만한 책으로 여러 좋은 책들을 추천할 수 있지만 필자의 책 『한국의 종교, 문화로 읽는다』 2·3권(사계절, 1998·2004)도 나쁘진 않을 것이다. 이 책은 '한국 신종교 개관', '천도교', '증산교', '원불교'를 각각 1장씩 할애해 설명하고 있다.

수도 있다. 맞는 이야기이다. 한국에는 근 400개에 달하는 신종교 교단이 있다. 예를 들어 독자들은 꽤 생소할 터인데 각세도(覺世道)라든가 찬물교, 갱정유도(更定儒道) 등 군소 교단들이 많이 있다. 내가 이런 교단들을 다루지 않은 이유는 우리가 이 책에서 보게 될 동학, 증산교파, 원불교, 그리고 남학은 우리의 전통 종교인 무(巫), 유(儒), 불(佛), 선(仙)을 나누어 전승했을 뿐만 아니라 버전 업 시킨 종교들이기 때문이다. 그러니까 이 3~4개의 교단들이 소위 '메이저'급에 속한다는 것이다. 이 점은 앞에서 인용한 필자의 저서에서 상세하게 설명했다. 궁금한 독자들은 그 책을 참조했으면 좋겠다.

이런 광폭(廣幅)의 가르침이 등장하자 한국인들은 처음에는 조금 환호하는 것 같았다. 이에 대한 가장 비근한 예로는 일제기에 천도교가 한국 종교계를 리드하는 실세의 자리에 있었던 것을 들 수 있다. 이 점은 일반 독자들에게는 생소할 터인데, 일제기에 한국의 정치·사회·문화 등의 제반 분야에서 천도교가 단연 두각을 나타내고 있었던 것을 보면 그 사정을 알 수 있을 게다. 상황이 이렇게 굴러가던 것이 해방 이후 한국인들은 서서히 서구 종교로 몰려갔고 이제는 아예 외래 종교들이 대세가 되어 버렸다. 그래서 지금은 우리의 종교에 관심이 더더욱 없어져 버렸다. 물론 한국의 신종교들이 없어진 것은 아니다. 이들은 현재에도 엄연히 자신들의 교단을 가지고 있다. 그러나 세적으로 보면 여전히 외래 종교들에 심대하게 밀리고 있는 것을 알 수 있다.

예를 들어 신민족 종교 가운데 가장 신자가 많아 이제는 한국의 4대 종교 반열에 들어가 있는 원불교를 보자. 원불교가 4대 종교 중 하나라고는 하지만 불교나 기독교 같은 외래 종교의 신자수와 비교해 보면 그 차이가 엄청나다. 왜냐하면 외래 종교들의 신자를 다 합하면 전체 인구의 반인 2,500만 명 정도가 되지만, 원불교는 신자가 10만 명을 조금 상회하는 데에 그치기 때문이다. 외래 종교와 민족 종교의 차이를 보면 흡사 거대 재벌과 동네의 작은 마트의 차이를 보는 것 같다.

한국의 신민족 종교의 상황을 이렇게 비교적 자세하게 쓰는 것은 나름대로 이유가 있기 때문이다. 거개의 한국인들은 우리 조상들이 만들어 낸 최고의 가르침을 외면하고 있었지만, 우리 종교들의 가치를 진즉에 알고서 연구는 물론이고 꼼꼼한 현장 답사를 마다하지 않은 선각자가 있었기 때문이다. 우리는 이런 분들 덕분에 선조들이 만든 종교들의 실상을 그나마 자세하게 알 수 있는 것이다.

가장 먼저 거론되어야 할 분은 전북대학교 철학과에 계셨던 고 이강오 교수님이다. 이분은 원래 유교 철학을 전공했다. 성리학을 전공한 사람들은 태생적으로 신종교에 관심이 없다. 이들에게는 신종교가 무식한 사람들이나 믿는 수준 낮은 가르침으로 보이기 때문일 것이다. 이것은 서양 철학이나 불교 철학을 연구하는 사람도 마찬가지이다. 그런데 이강오 교수는 달랐다. 그는 한국의 신종교가 우리들의 귀중한 자산임을 깨닫고 전국 방방곡곡을 돌아다니면서 자료를 수집했고 각 종교의 교주들도 직접 만났다.

이강오 교수는 이렇게 모은 자료를 가지고 깊은 연구를 했고 그 결과를 많은 학술 논문으로 발표했다. 그리고 그것을 다 모아서 『한국 신흥종교 총람』(한국신흥종교연구소, 1992)이라는 대작으로 집대성시켰다.■ 이 책은 1,600쪽에 달하는 엄청난 분량의 책으로 그동안 그가 발표한 논문뿐만 아니라 귀중한 사진 자료까지 다 포함시킨 한국 신종교 연구의 금자탑이라고 할 수 있다. 나도 신종교에 대한 글을 쓸 때마다 이 자료들을 참고했고, 이번 책을 쓰면서는 거의 이 자료만 보았다.

■ 사실 이 책을 만든 사람은 이강오 교수의 제자인 오병무 교수이다. 오 교수는 이강오 교수의 모든 논고를 모아 유작으로 이 책을 출간했던 것이다.

그것은 이 자료가 다른 어떤 자료보다 수승하기 때문이다.

　그런데 이강오 교수 밑에는 제자가 있어 이 자료들을 정리
하고 수습하는 데에 큰 힘을 보태었다. 이 제자는 순천대에
있다 돌아가신 고 오병무 교수이다. 이분은 신종교에 대해 연
구를 전적으로 하지는 않았지만 스승의 뜻을 받들어 당신의
연구와 자료를 보존 계승했다. 내가 박사 논문을 쓸 때에도
오 교수께서는 자료 제공에 주저하지 않았다. 그런데 이분은
비교적 젊은 나이에 타계해 안타까웠다. 그 와중에 나는 이분
이 갖고 있었을 이강오 교수의 신종교 관련 자료들이 어떻게
되었을까 하고 매우 궁금해 하고 있었다. 그러던 중 2008년
오병무 교수의 유족들이 순천대에 소속된 '지리산권문화연구
원'이라는 연구소에 이 자료들을 모두 기증했다는 신문기사
를 접했다. 참으로 다행한 일이다. 이제 한국의 신종교에 관심
있는 연구자들은 이 연구소의 자료들을 참조하면 되기 때문
이다.

　이렇게 서두를 장황하게 쓰는 것은 우리가 그다지 관심을
두고 있지 않았지만 우리의 정신적 보물인 신종교 운동에 대
한 자료들을 이 두 분이 발굴하고 지켜냈다는 것을 알리고
싶어서이다. 그간 두 분께 감사의 마음을 마땅히 전할 길이

없었는데 이번 기회에 큰 감사를 드리고 싶다. 개인적으로는 이런 분들이 없었다면 우리의 정신세계가 온전히 보존되지 않았을 것이라는 생각마저 든다.

이강오·오병무 교수 외에도 또 거론해야 할 분이 있다. 원불교의 박용덕 교무가 그 주인공이다. 박 교무는 원불교 초기 역사에 대단히 밝은 분으로 그 역시 직접 현장을 찾아다니면서 주밀한 연구를 했다. 그리고 그 결과로 다수의 책을 썼는데 내가 이 책에서 다룬 원불교 초기 역사 부분은 전적으로 그의 연구에 힘입은 바가 크다. 박 교무님께도 이 지면을 빌려 깊은 감사를 드린다. 박 교무님은 그래도 자신의 종단에 대한 역사를 찾기 위해 동분서주했지만 이강오 교수님은 자신의 종교와는 관계없이 이 성스러운 작업을 했다는 의미에서 더 높이 평가되어야 할 듯싶다.

그 다음에 마지막으로 감사 드려야 할 곳은 응당 소나무출판사일 게다. 한국인들이 자신들의 선조가 배출한 신종교에 별 관심이 없듯이 출판사들도 이런 내용을 실은 책을 출간하는 데에는 좀 꺼리는 편이다. 이 종교들에 익숙할뿐더러 좋아하는 사람들이 극히 적기 때문에 이런 책을 내봐야 잘 안 팔릴 테니, 출판사들의 입장은 충분히 이해할 만하다. 그런 상황인데도 불구하고 소나무에서는 이 원고를 출간하기로 마음 먹었다. 적지 않은 책을 출간해 본 내 경험으로 미루어 보건 대 이런 유의 책은 여간해서 팔리지 않는다. 한국인들은 자극적인 소재만 찾는 때문인지 이런 '밋밋한'(?) 주제에 대해서는 그다지 관심을 두지 않는 것 같다. 그러나 이런 책의 출간은 우리의 진정한 정신세계를 알린다는 점에서 의미가 적지 않을 것이라 생각한다. 소나무는 이런 의미만 갖고 책을 출판해 주니 감사해 하지 않을 수 없다. 유재현 대표를 비롯해 편집을 맡아 준 강주한 출판감독 등 소나무 식구들에게 고마운 마음 가득하다.

아무쪼록 이 작은 책이 우리의 내면세계를 알 수 있게 해주는 작은 기회라도 됐으면 하는 바람과 함께 서문을 마칠까 한다.

2012(4345)년 초겨울로 접어들 즈음에
지은이 삼가 씀

들어가며

ⅰ

정신사적으로 볼 때 우리 역사의 19세기 후반부는 특이했다. 느닷없이 불세출의 종교가들이 대거 나타났기 때문이다. 그런데 안타깝게도 이 사실이 일반인들에게는 잘 알려지지 않았고 지금도 그렇다. 그래서 내가 이 글을 쓰게 되었을 게다. 한국인들은 자신들이 얼마나 뛰어난 종교가를 가지고 있는지 잘 모른다.

한국의 종교(지성)사에는 두 번의 큰 분수령이 있었다. 이 두 번의 시기에 갑자기 엄청난 종교가들이 한국 땅에 태어났다.

그 첫 번째는 신라 통일 전후기다. 당시 신라에는 빼어난 종교가들이 대거 출몰했다. 그 대표주자는 물론 원효이다. 이 때 원효를 위시해 경흥(憬興), 대현(大賢), 원측(圓測), 의상(義湘) 등 대단한 종교 사상가들이 갑자기 뛰어나왔다. 게다가 혜공

(惠空)이나 혜숙(惠宿), 대안(大安) 같은 뛰어난 민중 승려들도 있었다. 원효가 이들에게 가서 가르침을 받았을 정도이니 그 수준을 알 만하다. 이 이후에는 한국에 이렇게 뛰어난 종교 사상가가 나오지 않았다. 고려조의 불교 사상가들이나 조선조의 유교 사상가들이 많이 있었지만 이들의 수준을 능가하지는 못했다.

내가 이렇게 자신 있게 말할 수 있는 근거는 무엇일까? 이유는 간단하다. 신라 학승들의 논저를 중국의 승려 학자들이 보았기 때문이다. 당시 중국의 불교 교학 수준은 단연코 세계 최고였다. 그런 학자들이 신라 승려들의 연구를 많이 참고한 것이다. 가장 극적인 예가 중국 화엄종의 3대 조사인 현수(賢首)이다. 그는 의상의 사제로서 의상이 신라로 돌아가는 바람에 조사(祖師) 자리를 꿰찬 사람이다. 그런 그가 『화엄경』을 풀이하는 주석을 달다가 막히는 데가 있으면 원효에게 아주 극진하게 예를 갖추고 물었다. 그 편지가 아직도 남아 있어 당시의 정황을 잘 알 수 있다. 원효는 중국에 가지 않았는데도 중국 학자들을 능가한 것이다.

이런 상황이 잘 이해가 안 된다면 무대를 현대로 바꾸어 살펴보자. 구미 땅에 한 번도 가보지 않은 한국 신학자가 있다고 하자. 그런데 그의 학문적 명성은 구미에 자자해 그곳의 최고 신학자들이 이 사람에게 『기독경』 주해에 대해 물었다고 하자. 예컨대 20세기 최고 신학자 가운데 한 사람인 칼 바르트(Karl Barth)가 토종 한국 신학자에게 신학을 문의했다면 이게 가능한 소리로 들리겠는가? 이런 일은 결코 없었고 앞으로도 일어나지 않을 것이다. 한국 신학자들은 대체로 미국의 신학을 따를 뿐 독자적인 이론을 내지 못했기 때문이다. 그런데 신라 통일 전후기에는 이런 일이 실제로 있었다. 그래서 대단하다는 거다. 중국의 학승들이 참고한 책에는 대현이나 경흥 등이 쓴 책도 있었다. 특히 대현의 논저는 하도 어려워 중국 승려들도 혀를 내두를 지경이었다고 한다.

그런데 한국에는 이런 시기가 또 한 번 있었다. 이번에는 외국과는 전혀 관계가 없는 순수 토종들이 일을 내고 말았다. 원효를 전후한 시기에는 한국 승려들이 대단히 어려운 불교의 철학 이념을 가지고 논의를 했지만 이번에는 순수하게 종교를 가지고 한국인들이 기치를 높이 들었다. 원래 한국인들은 복잡한 철학적인 논쟁은 그리 좋아하지 않는다. 논리적이고 조직적인 사고를 하기보다는 직관적으로 사물을 크게 바라보는 능력이 강하다. 이런 능력은 한국인들이 전 세계에서 가장 뛰어나다는 시각도 있다. 한국 사상사를 보면 세계적으로 뛰어난 사상가는 그리 보이지 않는다. 앞서 본 통일 신라 전후기에 나온 사람들이 전부다. 그러나 종교 분야로 오면 말이 달라진다. 세계적인 종교가들이 줄줄이 나타나기 때문이다. 그 주인공은 다름 아닌 동학을 창시한 최수운을 필두로 해서 나타난 한국 신종교 운동의 창시자들이다.

이때 등장한 사람 가운데 가장 대표적인 사람은 수운 최제우(崔濟愚)를 위시해 그의 제자인 해월 최시형(崔時亨), 그리고 증산교■를 창도한 증산 강일순(姜一淳), 원불교를 세운 소태산 박중빈(朴重彬)과 그의 제자 정산 송규(宋奎)를 말한다. 그 밖에도 통칭해서 남학(南學)이라 불리는 계통의 종단을 만든 연담 이운규(李雲圭)와 일부 김항(金恒)도 포함시킬 수 있겠다.■■

단도직입적으로 말해서 이 종교가들은 세계에 내놓아도 그 사상의 깊이나 두께에 있어 전혀 손색이 없는 분들이다. 이런 종교가들은 그리 쉽게 나올 수 있는 게 아니다. 그런데 대부

■ 여기서 증산교는 증산을 교주로 하는 수십 종의 종파를 총칭해서 가리킨다(현재는 종파가 현저히 줄어 이렇게 많지는 않다).
■■ 이러한 민족 종단 계열에 대종교를 세운 나철도 중요한 인물이다. 하지만 나철은 종교적 깨달음을 얻은 사람은 아니기 때문에 이 책에서는 포함시키지 않았다.

분의 한국인들은 이 사실을 인정하는 데에 매우 인색하다. 아니, 이런 최고의 종교가들이 지금으로부터 그리 멀지 않은 시기에 바로 이 땅에 있었다는 사실조차 알지 못한다. 그래서 나는 늘 되뇌었다. 만일 이분들이 일본이나 미국 같은 곳에서 태어났더라면 지금 같은 홀대를 받지 않았을 것이고, 더 나아가 현재의 지지부진한 교세가 아니라 전 세계적으로 명망 있는 교단을 만들어 냈을 것이라고 말이다.

아무튼 어찌 된 영문인지 몰라도 19세기 중반부터 20세기 초에 걸쳐서 조선에 느닷없이 이런 일급 종교가들이 무더기로 나왔다. 흡사 삼국 통일 전후에 원효를 비롯한 최고급 사상가들이 이 땅에 무더기로 나온 것과 비슷하다. 그래서 이 시기를 한국 종교사 혹은 한국 정신사에서 또 하나의 분수령을 이룬 시기라고 하는 것이다. 사실 중요도의 면에서 볼 때 한국인들에게는 이때가 더 귀중한 시기이다. 왜냐하면 불교나 유교 같은 중국적인 종교의 배경에서 새로운 사상을 만들어 낸 것이 아니라, 우리 문화 안에서 우리 민족이 배출한 종교가들이 특출하고 독창적인 종교 사상을 만들어 냈기 때문이다. 완전 토종들이 일을 낸 것이다. 그래서 더 값지다는 것이다.

2

이 책의 목적은 이들이 제시한 높은 가르침을 보려는 것이 아니다. 이 가르침에 관심 있는 독자들은 다른 책을 참조하기 바라고, 여기서는 그들이 도(道)와 깨달음을 찾아 희구하는 현장을 생생하게 살펴보려고 한다. 이 불세출의 종교가들은 비슷한 시기에 멀지 않은 지역에 살았던 터라 도를 찾는 동선이 겹치는 경우가 많았다.■ 그리고 서로 영향을 주고받는 적도 많았다. 그래서 이 시기는 한국 정신사 혹은 도인사(道人史)에서 매우 이채로운 시기라 할 수 있다.

그러면 여기서 이런 질문이 나올 수도 있을 것이다. 한국 종교사에서 볼 때 이 시기가 왜 그렇게 독특하다는 것일까? 다른 시기에는 이러한 최고급의 스타급 도인들이 없었다고 어떻게 단정할 수 있는가? 왜 이 시기에 나온 도인들만 대단하다고 하는 것일까?

■ 그런데 재밌게도 이 사람들은 충청도 이남에서만 출몰했지 호서 이북에는 이런 최고급의 종교가들이 보이지 않는다. 지역을 조금 더 축약해서 보면 전라북도에 가장 많이 밀집되어 있는 것을 알 수 있다. 예외적인 경우가 경북 경주에서 일어난 동학인데 이 교단도 가장 굵직한 사건인 동학혁명은 전북에서 일어났으니 전북과의 인연이 깊다고 하겠다.

이것은 물론 이 도인들이 깨달은 정도를 알면 간단하게 대답할 수 있는 질문일 게다. 그러나 우리 범인들은 그들이 깨친 정도를 알 길이 없다. 깨친 사람은 깨친 사람만이 알아볼 수 있기 때문이다. 그러나 간접적으로나마 알 수 있는 방법이 있는데, 그것은 그들이 행한 일을 통해서이다. 특히, 그들이 일구어 낸 교단의 규모를 보면 대체로 그들의 수준을 알수 있다. 수운을 섬기는 천도교가 그렇고 증산 사후에 생긴수십 개의 종단들, 그리고 소태산의 원불교 같은 종단을 보면알 수 있다는 것이다. 단군 이래로 한국인이 창도하여 만든민족 종교 가운데 이렇게 규모가 있는 것은 없었다. 예를 들어 천도교는 일제기에 당시 사회를 리드하고 있는 종교였다. 굳이 비교하자면 현대 한국 사회에서 기독교(신·구교 포함)가하고 있는 역할, 아니 그 이상의 역할을 천도교가 당시에 했다고 생각하면 된다.

일반적으로 사람들은 3·1 운동이 개신교가 중심이 되어일어난 것으로 이해하고 있다. 그러나 이것은 사실과 전혀 다르다. 3·1 운동은 전적으로 천도교의 재력과 조직으로 일어난 운동이기 때문이다. 당시에 전국적으로 만세 운동을 일으킬 수 있는 능력을 가진 교단은 전국에 교회를 갖고 있는 천도교밖에 없었다. 아마 단군 이래로 한국인이 세운 종교가 이렇게 강한 힘을 갖고 있었던 예는 그 유례를 찾아볼 수 없을 것이다. 원불교도 만만치 않다. 현재 교세로 볼 때 원불교는 한국에서 4대 종교 반열에 올라가 있다(반면 천도교는 종교적 실세의 자리에서 멀어졌다). 원불교는 이 밖에도 많은 기록들을 갖고 있지만 이 정도면 그 실력을 알 수 있을 것이다.

이 같은 사실을 통해 우리는 이 종교를 세운 인물들이 얼마나 높은 깨달음을 갖고 있는지 간접적으로 알 수 있다. 이 책에서는 바로 이분들이 어떻게 깨달음을 얻고 활동했는가를 밝히려고 한다. 이들이 세운 종교가 지금은 서로 다른 종단으로 발전해 있지만, 이 종교의 교조들은 가르침을 펼 때에 서로가 강한 끈으로 끈끈하게 엮여 있었다. 신종교 운동의 기치를 높이 든 최수운은 조금 예외가 되겠지만 그 뒤에 나온 사람들은 예외 없이 그전에 있었던 종교가들로부터 많은 영향을 받는다. 예를 들어 증산은 동학혁명이 발발했을 때 바로 옆 동네에 있었고 동학군들을 쫓아다니면서 종교가로서 자신의 꿈을 키운다. 그런가 하면 증산의 첫 번째 제자는 동학교도였다. 한편 소태산은 깨달은 후 가장 먼저 행한 사회적 행위가 증산교에서 행했던 치성이었고 그의 제자 중에도 동학교도와 증산교도들이 꽤 있었다. 특히 소태산의 고제(高弟)이면서 원불교 2대 교주가 된 정산은 증산의 직제자인 차경석(車京石)이 세운 보천교 교단에서 한동안 수도를 했었다.

3

자세한 것은 본문에서 이야기하기로 하고 마지막으로 이 책을 쓰게 된 동기에 대해 말해야겠다. 위에서 언급한 분들이 깨달음을 좇던 전말은 꽤 복잡하고 입체적이다. 아주 많은 이야기들이 담겨 있다. 그래서 그 과정이 다사다난한데 이때 드는 의문은 한말(韓末)이라는 그 힘든 시기에 어떻게 저렇게 정신적인 가치를 진지하게 추구했는지 하는 것이다. 먹고살기 힘든 정도가 아니라 결국 나라를 빼앗겨 식민 치하에 살면서 어떻게 저리도 치열한 구도를 했는지 궁금한 것이다. 다시 말해 그 못살던 시기에 먹고사는 것과는 아무 관계없는 인간과 우주에 대한 진리를 깨치겠다고 다녔으니 얼마나 대단하냐는 것이다. 그래서 나온 종교가들이 한국 전체 역사에서 가장 뛰어난 종교가였는가 하면 세계적으로도 뛰어난 사상가들이다. 이 책에서 보려는 것은 바로 이때 이들이 깨달음이라는 하나의 목표를 두고 어떻게 활동했는가에 대한 것이다.

　이제부터 불세출의 도인들을 만나 보자. 그런데 우리 신종
교의 시작은 뭐니뭐니 해도 수운이다. 그를 빼놓고 한국 정신
사의 시원을 설할 수 없다. 따라서 그의 이야기부터 시작하기
로 하자.

하늘이 열리는 개벽의 씨기

수운과 해월 이야기

최수운 崔水雲
1824~1864

최해월 崔海月
1827~1898

19세기 중반이 되자 한반도에는 이상한, 그러나 상서로운 일이 벌어질 조짐이 보였다. 이른바 개벽 시대가 열리기 시작한 것이다. 즉 세상이 열리기 시작했다는 것이다. 좀 더 구체적으로 말하면 세상에서 가장 중요한 것이 바뀌기 시작한 것이다. 그 이전까지 사람에게는 결코 넘어설 수 없는 차별이 있었다. 신분 질서가 엄연하게 존재한 것이다. 특히 노비와 같은 최하층에 대한 차등은 극심했다. 그런가 하면 여자는 인간이 아니었다. 전 세계 남성들은 지난 역사 동안 흡사 담합이라도 한 듯 여성을 철저하게 억압했다. 그런데 이때 이러한 악습들이 없어지기 시작했다. 신분 질서가 부정되어 노비도 인간 대접을 받기 시작했고 여성들도 인간으로 회복되어 갔다.

이런 파천황의 개혁이 일어난 곳이 바로 19세기 중반 한반도였다. 물론 다른 나라나 다른 시대에도 이런 개혁 운동이 없었던 것은 아니다. 그러나 19세기 중반 한반도에서처럼 조직적으로, 게다가 뛰어난 종교가들의 확고한 깨달음을 기반으로 해서 인간 평등 운동이 일어난 곳은 흔하지 않았다.

이때 한반도에서 일어난 종교 운동의 혁신 바람이 대단했다는 것을 어떻게 알 수 있을까? 나는 이것을 천도교인 방정환 등이 일으킨 어린이 운동에서 알 수 있다고 생각한다.

사람들은 잘못된 역사 공부를 해 한국의 어린이 운동이 방정환 선생이 혼자 일으킨 것으로 알고 있다. 그러나 역사상 어떤 운동이고 큰 것은 결코 혼자 할 수 있는 일이 아니다. 운동은 반드시 조직과 돈이 필요한 법이다. 그렇다면 방정환은 어떤 조직을 빌려서 어린이 운동을 한 것일까? 바로 천도교이다. 방정환은 당시 천도교 대표였던 손병희(孫秉熙) 선생의 사위였다. 따라서 그가 아주 독실한 천도교 신자일 뿐만 아니라 천도교의 핵심 요원이었다는 것은 금세 알 수 있지 않을까? 그는 이 천도교의 조직과 재력을 바탕으로 어린이 운동을 했던 것이다. 그가 어린이와 관련해서 낸 잡지 『어린이』도 천도교 교단에서 발행했기에 그 발간이 가능했을 것이다(잡지 내는 데에는 예나 지금이나 돈이 많이 든다!). 또 지금 종로구 경운동에 있는 천도교 대교회당은 바로 방정환 선생이 어린이들에게 구연동화를 해주던 역사적인 장소이기도 하다. 이렇게 방정환은 천도교를 등에 업고 있었기 때문에 세계 최초로 어린이 운동을 시작할 수 있었던 것이다.

　당시 한반도를 몰아친 인간 평등 사상은 아주 근본적이었고 뿌리가 깊었기 때문에 이것을 바탕으로 세계에서 처음으로 어린이 운동이 한반도에서 일어날 수 있었다. '어린이 인간성 회복 운동'은 웬만한 인간관 가지고는 일어날 수 없는 운동이다. 인간이 평등하다는 생각이 뼛속부터 있지 않으면 나올 수 없는 운동이 바로 어린이 운동이다. 인간이 평등하다는 생각은 전적으로 "인간은 모두 한울님을 모시고 있다"는 교리와 같은 선상에 있는 사인여천(事人如天) 사상이나 인내천(人乃天) 사상에 힘입은 바가 크다. 이런 맥락으로 보면 어린이도 어른과 같은 인간이니 평등하다고 하지 않을 수 없었을 것이다.

이런 면에서 19세기 중반 한반도에서 일어난 인간성에 대한 대각성 운동은 다른 나라에서 일어난 것과는 차원을 달리 한다. 이 운동의 기치를 든 사람은 경주 외곽 지역인 가정리라는 곳에서 태어난 수운 최제우였다. 그 후 한반도에서 일어난 인간성에 대한 깊은 깨달음 운동은 모두 그를 필두로 해서 일어난다. 그가 1860년 4월 어느 날 한울님(상제)에게서 계시를 받은 이후 한반도에는 새로운 각성 운동이 일어났다. 한울님이 그에게 내린 교시는 선약(仙藥)이라 불리는 신비로운 부적을 가지고 사람들의 병을 고치고 주문을 가르쳐 장생하게 하라는 것이었다. 그 다음에 그가 가르친 것은 사람은 누구나 유교에서 말하는 군자가 될 수 있다는 것이었다.

여기서 우리가 동학의 교리를 꼼꼼하게 보려는 것은 아니

다. 그러나 앞으로의 설명을 위해 수운이 정립한 동학 교리를
아주 간단하게 보면, 그가 제시하는 인간의 목표는 군자가 되
는 것이니 유교와 같다. 그런데 기존 유교에서는 오직 귀족만
이, 그것도 남자 귀족만이 오랜 공부 끝에 이 목표에 도달할
수 있었다. 수운은 이러한 기존의 유학 체계를 비판하고 거
부했다. 수운에 따르면 인간은 신분에 관계없이, 그리고 남녀
노소에 구애받지 않고 누구나 군자가 될 수 있다. 그러면 어
떻게 군자가 될 수 있을까? 수운이 제시한 '군자 되는 방법'
은 영 유교적이지 않다. 한마디로 그 어려운 경전 공부를 할
필요가 없다는 것이다. 대신 수운이 한울님에게 받은 주문을
지성으로 외우면 된다. 누구나 주문 외우기를 성실히 하면 3
년 안에 우리의 가장 깊은 마음(한울님)과 만나는 경험을 할
수 있다.

이렇게 보면 수운이 가르친 교법은 유교적인 것과 도교적
인 것이 혼합되어 있음을 알 수 있다. 목표는 군자 되는 것이
니 유교적인 것이고, 그 방법은 주문을 외는 것이니 도교적인
것이다. 이 때문에 수운의 가르침을 '개혁 유교' 혹은 '세속 유
교' 혹은 '신비 유교'라 부르기도 한다. 기존 유교가 갖고 있
던 고질적인 병폐를 청산했기 때문이다. 신분 질서를 인정하

고 여성이나 어린 사람들을 비하했던 기존 유교의 성향을 깨끗하게 일소했다. 따라서 수운의 가르침만 따르면 누구나 군자가 될 수 있는 길이 열린다.

수운의 가르침이 어떻게 구성되어 있는가 하는 것은 이 정도면 충분하다. 이제 이런 가르침을 완성하기 위해 그가 어떻게 구도 행각을 벌였는지 보기로 하자.

수운 이야기

최수운은 불세출의 종교가답게 그다지 출신 성분이 좋지 못하다. 이렇게 말하는 것은 이상스럽게도 인류 최고의 종교가들은 정상적인 출생 경로를 밟지 않고 태어나는 경우가 많았기 때문이다. 부모 혼전에 태어났다고 하는 예수나, 부모가 야합(野合)해서 낳았다고 하는 공자가 모두 이런 경우에 속할 것이다(붓다는 예외에 속한다).

수운의 아버지는 부인 두 명과 사별을 하고서도 아들이 없어 한 씨 성을 가진 과부를 취해 수운을 낳았다. 따라서 조선식으로 말하면 수운은 서자나 다름없다. 게다가 수운의 아버지는 과거에 한 번도 급제하지 못한 지방의 선비에 불과했다. 그러니까 그의 가족은 사회의 중심 세력 밖에 처한 아웃사이더였던 것이다. 세계적인 대 종교가들이 이렇게 태어나는 것은 낮은 곳에 임하려는 그분들의 의도가 반영된 것 아닐까 하는 생각이다.

지금 여기에서 우리에게 중요한 것은 이렇게 해서 태어난 수운이 어떻게 구도 행각을 해나갔느냐는 것이다. 그런데 그의 구도 과정에 대한 것은 자료가 별로 남아 있지 않아 구체적인 것은 잘 알지 못한다. 따라서 장님이 코끼리 더듬듯이 살펴볼 수밖에 없다.

우선 수운의 가계를 보자. 수운은 여섯 살에 어머니를 잃고 일흔이 다 된 아버지와 살았는데, 열일곱 살 되던 해 아버지도 속절없이 세상을 뜬다. 그러다 설상가상으로 스무 살 때 집에 불이 나 변변치 못했던 가재도 모두 타버리고 만다. 이로 말미암아 그는 속세에 대해 정을 뗀 모양이다. 그 뒤 수운은 처가에 처자식을 맡기고 10년 넘게 방랑 생활을 했다. 전국 방방곡곡을 다니면서 장사도 해보고 점을 쳐 주는가 하면 승려나 선비들을 만나 세상에 대해서 깊은 이야기도 나누는 등 별의별 일을 다 겪었다고 한다. 아마 이때 그는 세상에 대해 확실한 이해를 했을 것으로 생각된다.

그런데 그는 기본적으로 종교가였던 모양이다. 『동경대전(東經大全)』과 『용담유사(龍潭遺詞)』를 통해 보면, 그는 이렇게 아무리 고난에 처해도 나라를 구하고 백성들을 살려 낼 방책만을 생각했다고 하니 말이다. 종교가란 원래 그런 사람이다. 진정한 의미의 종교가는 자신만을 위해 사는 소인이 아니라 항상 더 큰 공동체를 위하려고 필사적으로 노력하는 사람들이다. 쉽게 이야기해 남을 위해 사는 사람들이라는 것이다. 자기가 넉넉하니 그 여력으로 남을 돕는 것이 아니라 자기가 어떤 조건에 처하든지 그것에 상관없이 무조건 남만 생각하는 사람을 말한다. 이런 사람들을 정형화해서 부르는 이름이 있는데, 즉 '보살'이 그것이다. 수운이 바로 그런 사람이다. 부모는 죽고 가진 것은 몽땅 불에 타버려 남아 있는 것이 하나도 없는데 수운은 자신이나 가정을 어떻게 다시 세울 생각은 하지 않고 세상 구할 걱정만 했으니 말이다.

이때 수운이 무엇을 어떻게 생각했는가를 알려 주는 것은 그가 직접 쓴 문헌밖에 없다. 수운의 득도 과정이나 그때의 생각을 알 수 있는 것은 아마도 『용담유사』에 있는 「몽중노소문답가(夢中老少問答歌)」가 가장 유력한 정보원일 것이다. 여기에 나오는 것을 정리해 보면 이러하다. 즉 삼각산(인수봉, 백운

대, 만경대)으로 상징되는 한양에 도읍한 조선은 이제 운을 다했다. 이것은 그가 전국을 돌아다녀 보고 내린 결론이다. 타락이 너무 심해 유교의 최고 성인인 요순이나 공맹의 덕치로도 이 세상을 구할 수 없는 지경에 이르렀다. 그렇다고 할 수밖에 없는 것이 임금이나 신하, 부자(父子)가 모두 제 노릇을 못하고 있기 때문이다. 그래서 민란이 일어나 세상을 물리적으로 힘들게 만드는가 하면 외부로부터는 서학이 들어와 사람들의 정신세계를 흔들어 대니 양반이고 백성이고 어찌 할 바를 몰라 허둥대고 있는 게 수운이 바라본 세상이었다. 이런 세상을 무엇으로 구할 수 있을까? 세상 구하는 데에만 관심이 있던 그이니 대안을 제시해야 했을 것이다.

그가 제시한 새 시대를 열 인물은 삼각산, 즉 구(舊)체제에서 나오는 것이 아니라 금강산으로 상징되는 새로운 땅에서 나와야 한다. 금강산은 유교의 땅이 아니라 선교(仙敎)의 땅이다. 그의 구술에 따르면 그가 금강산, 그것도 가장 높은 상상봉에 갔을 때 잠깐 졸았던 모양이다. 그때 도사(신선)가 꿈에 나타나, 빨리 결단을 내려 나라 구할 생각은 안 하고 어찌하여 세상만 돌아다니느냐고 했단다. 그러나 이 도인이 구체적으로 어떤 식으로 세상을 구해야 한다고 말하지는 않았다.

단지 앞으로 새로운 세상이 열릴 것이고 무극대도(無極大道)가 생겨나 모든 사람이 이로울 것이라고만 일러 주었을 뿐이다. 이것은 그가 앞으로 무극대도로 통칭되는 새로운 가르침을 열 것임을 예고하는 것이리라.

수운 사상의 두 줄기

여기까지만 보아도 수운이 가장 중요하게 생각했던 전통이다 나온 것을 알 수 있다. 수운 사상의 줄기가 유교와 선교(도교)라는 것이 드러난 것이다. 물론 그는 유교를 부정하고 나왔다. 앞에서 본 대로 타락한 이 세상은 요순이나 공맹의 힘으로도 구할 수 없다고 했으니 말이다. 그런데 비록 유교를 부정하긴 했지만 구세주의 본보기로 유교의 성인들을 삼았다는 점에서 그는 사상의 근간을 여전히 유교에 두고 있었음을 알 수 있다.

그래서 그런지 그에게는 유교의 냄새가 아주 많이 난다. 예를 들어 그가 쓴 책에는 공자를 여전히 스승이라 부르고 유교 경전인 『대학』이나 『중용』 등에 나오는 문장이 그대로 인용되어 있다. 그런 까닭에 그는 충효 같은 유교 덕목에 대해서도 아주 강한 긍정을 나타내고 있다.

수운이 가장 유교적인 태도를 보이는 것은 제사에 대해서 이다. 당시 기독교도들이 제사를 지내지 않자 수운은 그들을 강하게 비판한다. 기독교도들 자신은 영혼이 있어 천당에 간 다고 하면서 부모의 영혼은 부정해 제사를 안 지내니 이런 불 효막심한 일이 더 있느냐는 것이다. 그는 기독교도들에게 기 독교를 믿느니 차라리 『시경』이나 『서경』을 읽으라고 하면서 정통 유교적인 태도를 보이고 있다.

그러나 수운은 나름대로 유교, 특히 성리학을 넘어서는 많 은 교리를 남기는데, 그것을 다 볼 수도 없고 또 그럴 필요도 없다. 그러나 대체적으로 보면 수운이 성리학을 개혁한 면모 는 크게 실천적인 면과 이론적인 면으로 나누어 볼 수 있다. 이 가운데 실천적인 면은 주지하는 바와 같이 신분 질서를 타파하고 남녀평등을 주장한 것을 들 수 있다. 신분을 구별하 고 남녀를 차별하는 것은 전근대 사회의 대표적인 규범이라 할 수 있는데 그는 이것을 과감하게 혁파한 것이다. 조선의 선 비 가운데 이런 일을 철저하게 행한 사람은 아마 수운밖에 없었을 것이다.

이론적인 면에서 수운이 기존의 성리학자들과 구별되는

점은 그가 성리학자들처럼 '이(理)'에 천착한 것이 아니라 '기 (氣)'를 강조했다는 것이다. '이'가 형이상학적인 세계를 대표한다면 '기'는 현실 세계를 상징한다고 볼 수 있다. 수운이 기를 강조했다는 것은 그가 사변적인 세계보다 눈앞에 보이는 세계에 더 많은 관심을 갖고 더 나아가서 그것을 개혁하는 데에 관심이 많았다는 것을 의미할 것이다. 이 주제에 대해 더 관심이 있는 독자들은 앞에서 소개한 책을 참고해 주기 바란다.

수운이 유교에 대해 정통하게 된 연유는 아주 잘 알려져 있는 사실이다. 그의 아버지가 지역에서는 명망 있는 양반이 었으니 양반의 후예로서 유교 경전 교육을 확실히 받았을 것이고 선비로서 철저한 유교적인 세계관을 지니고 있었을 것이다. 또한 자신이 신라의 옛 도읍지인 경주에서 유구한 가문(경주 최씨)에서 태어난 것에 대해서 아주 자랑스럽게 생각하고 있었으니 그의 사대부적인 면모를 알 수 있다.

그런데 문제는 그가 깨달음을 얻게 되는 체험과, 꿈이라고는 했지만 금강산에서 신선을 만난 일이다. 우선 그의 각(覺) 체험은 앞에서 본 대로 선도적인 것 일색이다. 선약이라는 신비로운 부적을 가져다 사람을 고치고 주문 수련을 시켜 장생

불사하게 하라고 했으니 말이다. 수운의 파격은 여기서 시작된다. 유교의 선비가 부적을 처방한다든가 주문 수련을 한다는 것은 있을 수 없는 일이다. 조선의 선비 가운데 이런 일을 스스로 한다든가 주위 사람들에게 시킨 이는 아마 없을 것이다. 정통 유교의 입장에서 볼 때 이것은 사술(邪術), 즉 삿된 술수이기 때문에 철저하게 배격해야 한다.

그런가 하면 그는 자신의 종교적인 체험을 말하면서 비록 꿈이라고 했지만 금강산에서 신선을 만나 큰 각성을 하게 되었다고 실토한다. 이와 같이 그의 체험이나 가르침은 그 핵심이 유교에 있다기보다 선도에 있는 것으로 보인다. 따라서 이것은 매우 비유교적인 태도라 할 수 있는데 조선의 선비라면 이렇게 할 수 없다. 이 시점에서 우리는 이렇게 물을 수 있다. 수운은 대체 이런 가르침을 어떤 경로로 알게 되었을까?

이에 대해서 우리는 추정밖에는 할 수 없다. 공식적인 문서에는 나오지 않기 때문이다. 천도교의 어떤 문헌에도 수운이 이와 같은 선도적인 체험을 한 연원에 대해 말하고 있지 않는다. 이를 알 수 있게 해준 것은 국문학자 조동일 교수의 공■

■아래의 이야기는 조동일 교수의 책 『민간영웅 이야기』(문예출판사, 1992)에 힘입은 바가 크다.

이다. 조 교수는 수운이 태어나고 자라난 동네에 가서 구전되어 오는 이야기를 모았는데 여기서 수운이 선도와 접촉했을 것으로 추정할 수 있는 단서가 나온다. 이 이야기는 어떤 문건에도 나오지 않던 것이고, 게다가 그의 고향 동네에서만 접할 수 있으니 더 가치가 있다. 이 이야기는 믿을 만한 구체적인 증거가 될 수 없을지 몰라도 추정해 볼 수 있는 근거는 된다.

조동일 교수가 모은 수운과 그의 주위에 관한 이야기에는 뜻밖에도 도술에 능한 사람이 나온다. 그 주인공은 수운에게 9촌뻘 되는 아저씨로 이름은 최림(崔琳)이다. 그가 도술에 능하다고 하지만 도교의 술사는 아니다. 그 역시 수운의 아버지 최옥(崔鋈)처럼 명색이 선비였고 유교에 대해서도 나름대로 박식했다. 하지만 최옥이 계속해서 과거 급제에 뜻을 둔 반면 최림은 아예 과거를 외면하고 고향에 은둔해 버렸다.

최림은 현실 개혁에 뜻이 있었지만 유교를 떠나는 것을 원하지 않았다. 그는 당시의 사회적 모순을 해결하려면 이(理)를 바르게 하고 의리를 숭상하는 기풍을 마련해야 한다고 주장했다. 전형적인 성리학적 입장에서 해결책을 제시한 것이다. 여기까지는 최림이 최옥과 같은 생각을 했을지 모르지만 최림은 여기에서 한 걸음 더 나아간다. 그는 유학만으로는 현세의 위중한 위기를 넘길 수 없다고 생각해 비유교적인 요소를 받아들인다. 특히 민간 도술적인 면에 관심이 많아 나름대로 연구를 했다. 예를 들어 병서에도 관심을 두어 『육도삼략(六韜三略)』 같은 책을 깊게 연구하고 음양술수 같은 것에도 큰 관심을 가졌던 것으로 알려져 있다.

최림이 이런 분야에 관심을 가졌다고는 하지만 그가 직접 도술을 부리고 다녔을 확률은 거의 제로에 가깝다. 성리학적 세계관에 충실한 선비가 도술을 자랑하고 다녔을 리가 없기 때문이다. 그런데 그의 고향에서는 그를 그렇게 받아들이지 않았다. 소문이란 자꾸 살이 붙는 법이라 마을 사람들은 그가 술수에 아주 능한 도사로 부풀려서 생각하고 있었던 것이다. 그리고 마을 사람들은 여러 가지 이야기를 지어내기 시작했다. 최림이 어떤 도인을 만나 세상의 모든 지식을 전수받았다거나, 그래서 그는 모든 것을 다 아는 사람이라는 풍문이 나돌았다. 뿐만 아니라 그는 생각만 하면 무엇이든지 가져올 수 있는 신이한 사람이라고 인식되었다. 쌀독이 비었을 때 최림이 의지만 가지면 곧 쌀이 채워진다는 따위가 그 대표적인 경우이다.

수운은 이런 최림과 자신을 동일시했던 것 같다. 이유는 간단하다. 양반으로서 사회의 실세에 들어가지 못한 신세가 비슷했기 때문이다. 그리고 유교만 가지고는 이토록 무섭게 타락한 세상을 구할 수 없다는 것도 의견을 같이 했다. 그래서 수운은 어떤 식으로든 이런 최림의 면모에 강하게 영향을 받았던 것 같다. 예를 들어 최림이 도인을 만났다고 전해졌던 것처럼 수운은 금강산에 갔을 때 꿈에서 신선을 만나 큰 자극을 받았다고 자신의 이야기를 만들어 냈다.■ 또 최림이 현행 유교만 가지고는 이 말세를 구할 수 없다고 생각해 여러 민간 술수를 동원한 시도에 대해서도 수운은 동의했다. 동의한 정도가 아니라 수운은 최림을 훨씬 넘어서서 자기만의 새로운 시도를 했다.

수운만의 새로운 시도란 동학도로 하여금 주문을 외우게 해서 종교적 체험을 하게 한 것이다. 주문을 한결같이 외우다 보면 떨림 현상 같은 것이 생기면서 망아경에 들어가는데 이 상태에서 인간은 한울님을 체험하게 된다. 이때부터 이 사람의 삶은 바뀌기 시작한다. 새로운 인간으로 거듭나는 것이다.

■ 항간에 퍼졌던 소문 가운데에는 최림이 어떤 동굴에 있는 신이한 책을 발견하고 그것을 익혀 세상의 모든 것을 알았다고 하는 얘기가 있는데, 이것이 수운에게서는 어떤 승려로부터 천서(天書)를 받아 사물의 이치를 깨쳤다는 식으로 나타난다.

수운은 자신이 제시한 방법에 대해 대단한 자신을 갖고 있었다. 유교의 선비들은 일생을 공부해도 못할 일, 즉 군자가 되는 일을 자기는 3년 안에 할 수 있게 해주겠다고 호언장담을 했다. 경전 공부를 하고 유교식 명상인 경(敬)을 수십 년 수행해도 안 되는 일을 자신은 주문 외기로 3년에 끝내겠다니 대단한 것임에 틀림없다.

수운이 제시한 방법이 정말로 유효한지 어떤지는 여기서 논할 바가 아니다. 여기서 중요한 건 수운이 이렇게 민간 술수적인 방법을 동원할 수 있었던 것은 최림이라는 존재가 있었기 때문에 가능했다는 것이다. 수운이 만일 아버지인 최옥에게서만 영향을 받았다면 주문 외기 같은 수행법은 생각하기 힘들었을 것이다. 유교에만 갇혀(?) 있었던 최옥을 넘어 유교를 막 넘어가려는 최림을 겪고 그것을 딛고 수운 자신은 유교 밖으로 멀리 나가 버린 것이다. 이런 과정이 없었으면 수운에게서 그렇게 파격적인 수행법이 나올 수 없었을 것이다.

이런 관점에서 본다면 수운은 조선조 선비 가운데 어느 누구도 하지 못한 일을 한 것인데 동학을 연구하는 학자들은 이 점을 별로 이상하게 생각하지 않는다. 유교도로서의 수운과 민간 종교가로서의 수운은 그 거리가 굉장히 먼 것인데 연구자들은 이를 아무렇지도 않게 생각하니 그게 이상하다는 것이다. 그러나 아무리 최림이 있었다고 해도 수운의 행보는 여전히 파격적이다. 그 점에서 수운은 분명 불세출의 종교가라 할 수 있다.

깨달음 이후에 계속되는 종교 체험

수운의 그 다음 행보는 잘 알려진 대로 한울님과의 만남을 위해 하나씩 전개되어 나간다. 유력(遊歷) 여행에서 돌아온 수운은 강력한 명상 수련에 집중한다. 이때 천서 사건이 일어나는데 교단사에는 중요한 사건으로 나오지만 그 내용은 알려진 게 별로 없다. 수운이 졸고 있는데 어떤 승려가 3일 뒤에 오겠다고 하고는 이상한 책을 두고 갔다. 3일 뒤 찾아온 승려에게 수운이 그 책의 뜻을 다 설명하자 감탄하고 돌아갔다는 것이 이야기의 전모이다.

이와 비슷한 이야기는 최림에게서도 보인다. 앞에서도 잠깐 보았지만, 최림이 어릴 때 바위 밑에서 발견한 천서를 읽고 모든 것을 알게 됐다는 이야기이다. 어찌 됐든 수운은 그 뒤로 강한 강도의 기도에 들어갔고, 그러다가 1860년 4월 5일 경주

구미산 기슭 용담정(龍潭亭)에서 마침내 한울님을 만나는 체험을 하게 된다.

깨달음 이후에 수운은 가르침을 전하고 여러 경전을 만드는데, 사실 수운의 종교 이력 가운데 가장 특이한 게 이때 나온다. 수운은 일 년쯤 지나자 경주를 떠나 전라도 남원으로 가 근교에 있는 절에 머물게 된다. 이때 그는 그 유명한 칼춤과 칼노래를 만들어 낸다.

이 뒤로 동학도들은 한 달에 두 번씩(초하루와 보름) 칼춤을 추었다고 한다. 산에 들어가 제물을 차려 놓고 주문을 외면 강신이 되는데 이때 나무칼을 갖고 칼춤을 추었다는 것이다. 춤출 때 부르는 노래가 바로 검결(劍訣), 즉 칼노래였다.

칼노래는 열 줄밖에 안 되니 그다지 가사의 양이 많은 것은 아니다. 따라서 그 내용도 간단하다. 5만 년 만에 때가 왔으니 이 노래를 부르며 칼을 휘두르면 천하를 휘하에 넣을 수 있어 자신을 당할 사람이 없다는 것이 그 주 내용이다. 수운이 나중에 체포되어 취조를 당할 때 그에게 가장 불리하게 작용했던 게 바로 이 노래였다. 이 노래는 그 내용에서 충분히 예상할 수 있듯이 역모를 연상하게 하는 요소가 농후했기 때문에 당국의 눈길을 피하기 힘들었을 것이다. 그런데 동학도들이 이 노래를 열심히 부르며 춤을 추었건만 이 춤은 현재 전해지지 않는다.

그런데 대체 왜 칼노래와 칼춤인가? 평화를 추구해야 할 종교가가 어찌 해서 칼을 가지고 춤을 추었을까? 이에 대해서는 알 길이 없다. 단지 그가 나중에 붙잡혔을 때 취조하는 관리에게 말하길, 하루는 천신이 내려와 "요즘 출몰하는 서양인들을 제어하려면 칼춤을 추고 칼노래를 불러야 한다"고 했다는 것만 알려져 있다.

여기서 수운이 왜 이러한 행위를 했는지에 대해서는 분석하지 않을 것이다. 그리고 수운의 그 다음 행적도 그다지 중요하지 않다. 그저 계속해서 사람들을 가르치다 체포되어 참수를 당했기 때문이다. 게다가 그에 대한 기록이 별로 없어서 자세하게 볼 수도 없다. 여기서 우리가 계속해서 중요하게 볼 것은 누누이 언급한 대로 한말(韓末)이라는 궁벽한 환경에서 나라와 백성들을 정신적으로 구하겠다는 일념으로 깨달음을 향해 정진한 수운의 생각과 행동이다. 그러다 수운은 1863년 불과 40세 나이로 죽음을 당하는데 3년여에 달하는 공생활을 하는 동안 그가 뿌린 씨는 거대하다. 특히나 하늘이 바뀐다고 하면서 새로운 개벽 시대를 선포한 것은 가장 거창한 공로일 것이다.

19세기 중반 전 세계에서 아주 한 데에 속하는 조선이라는 나라에서, 그중에서도 한갓 외진 지방인 경주에서 세계의 질서가 완전히 바뀌는 개벽 시대의 도래를 주장한 수운은 도대체 어떤 사람인지 가늠하기가 힘들다. 그런 시대를 몸소 실천하고자 수운은 자신의 여종 둘을 해방시켜 하나는 딸로, 하나는 며느리로 삼는다. 인간 해방과 여성 해방을 자신이 먼저 실천한 것이다. 수운은 깨달음과 실천을 동시에 추구한 종교가였다.

해월 이야기

지금까지 본 수운의 이야기도 놀랍지만 그의 직제자였던 해월은 더 놀라운 사람이다. 해월은 일단 수운보다 신분이 훨씬 아래에 처했던 사람이다. 또 조실부모한 것은 기본이고 신분도 그저 평민일 뿐만 아니라 집안도 하나도 별 볼일 없는 사람이었다. 이것은 그가 열일곱 살 때 종이 공장에 취직한 것을 보면 알 수 있다. 먹고살기 위해 공장 직공이 되었을 것으로 생각된다. 게다가 다섯 살과 열두 살 때 어머니와 아버지를 여의고 고아가 되었으니 제대로 교육을 받았을 리가 없었을 게다. 수운은 그래도 양반 집안에 태어나 많은 공부를 한 아버지에게서 유학을 제대로 배웠겠지만 해월은 한학을 공부했다는 기록이 없다. 그래서 그런지 그의 법설은 아주 쉬운 한글로 되어 있다.[■] 아무튼, 이러한 해월에게서 훗날 파천황 급의 개혁적인 가르침이 나온 것은 실로 기적에 가깝다 하겠다.

방금 언급한 대로 해월은 지극히 평범하다 못해 미천한 삶을 살았다. 결혼도 했지만 오늘날의 면장이나 이장 같은 극히 말단의 직을 맡은 것 외엔 그의 생에 대해 알려진 게 그다지 없다. 아니면 매우 성실하고 경위가 바르다는 평을 주위에서 받았다는 것뿐 그가 서른다섯 살에 수운을 만나기까지 무엇을 어떻게 하며 살았는지 알려진 바가 거의 없다. 게다가 수운을 만날 때에도 신비로운 사건이 있었던 것도 아니다.

그러나 일단 수운을 만나 동학에 입도한 뒤로 해월은 매우 철저한 수련과 경건한 종교 생활을 했던 모양이다. 겨울에 찬

■『천도교경전』의 「해월신사법설(海月神師法說)」에 한문 문장들이 나오는 것은 후대에 편집하면서 한자로 표기했기 때문이다. 그러나 해월이 부인들에게 행한 「내수도문(內修道文)」 같은 가르침은 그의 원래 법문대로 한글로 되어 있다.

물에 들어가 수련을 하고 있으니 "겨울에 찬물에 들어가는 것은 건강에 좋지 않으니 그만하라"라는 계시를 받았다고 하는 것을 보면 그가 수련에 열을 올리고 있었음을 알 수 있다. 이 사건이 이적의 일종이라면 그 뒤에 이어진 이적들도 그리 별다를 게 없다. 예를 들어 멀리 떨어져 있는 수운의 소리를 듣는다든가, 친구의 집에 도둑이 든 것을 알아맞혔다든가, 친구의 병을 고쳤다든가 하는 등등 작은 이적들만 있었을 뿐이다.

해월의 일생은 그의 별명이 '최보따리'라 불릴 정도로 도망 일색이었다. 관헌이 갑자기 잡으러 오니 보따리 싸서 도망 다니기에 바빠 붙여진 별명이리라. 이렇게 쫓겨 다니면서 그는 대단한 법설을 많이 남긴다.

나는 해월 같은 지극히 평범한 기층민이 어떻게 도를 닦을 생각을 했으며 목숨을 걸고 스승의 가르침을 세상에 전하려고 했는지 그 비범한 양상에 집중해서 보려고 한다. 어떻게 그 궁벽한 촌에서 그 어려운 시기를 살면서 깨달음에 대한 열정을 갈고 닦을 수 있었는지 그게 기이하기 때문이다. 따라서 여기서는 그가 남긴 가르침을 아주 간단하게 보는 것을 통해 그가 깨달음을 얻기 위해 어떤 자취를 남겼고 가르침을 펼 때 어떤 법설을 설파했는지 살펴볼까 한다.

먼저 '일하는 한울님'으로 이름 붙여진 일화를 소개해 보자. 그는 긴 도피 기간 동안 영양(英陽)에 있을 때 하루에 짚신을 두 켤레씩 삼았다고 한다. 그러다 새끼가 모자라면 삼은 짚신을 풀어 다시 삼는 일을 되풀이했다. 이것은 아마 해월이 우리 마음속에 있는, 혹은 우리 마음의 가장 핵심인 한울님이 항상 움직이고 있음을 보여주려 한 것이리라. 사람의 마음은 자꾸 어딘가에 정주하고 멈추려고 한다. 그게 편하기 때문이다. 그래서 하나의 신조에 매달리려 한다. 그러나 우리의 마음은 물처럼 흘러야 한다. 그래야 항상 탄력을 가질 수 있다. 이게 진정으로 사는 것이다. 해월은 그런 모습을 보여준 것이리라. 깨달음을 얻은 자가 빈둥빈둥 거릴 수는 없는 일이다.

이와 비슷한 이야기는 이른바 '베 짜는 한울님'이라는 일화에도 나온다. 해월이 청주에 있는 제자 집에 갔는데 마침 그 집 며느리가 베를 짜고 있었다. 이를 보고 해월은 저 여인이 누구냐고 제자에게 몇 번이고 계속해서 묻는다. 제자가 자신의 며느리라고 재차 답하자 해월은 "저기서 베를 짜는 여인은 자네 며느리가 아니라 한울님이다"라는 유명한 말을 남긴다. 여성도 한울님이니 지극히 섬기라는 뜻이다. 이 이야기는 동학의 남녀평등 교리를 말할 때 항상 등장한다. 이렇게 페미

니즘적인 해월은 훗날 부인들을 위해 특별한 가르침을 남긴다. 부인들은 한울님을 배태하고 키우는 장본인이라는 의미에서 지극히 중요한 존재이니 그리 한 것이리라.

그와 같은 맥락에서 해월은 여성과 직결되는 땅에 대해서도 각별한 생각을 갖는다. 부인들에게 남긴 법설을 보면 땅은 어머니와 같으니 함부로 물이나 음식 찌꺼기를 버리지 말라는 문구가 나온다. 이것은 동학의 드높은 생태관으로 연결된다. 만일 우리가 해월이 말한 것처럼 우리의 지구를 아꼈다면 지금과 같은 환경 대란을 겪고 있지 않을 텐데 하는 생각이 든다.

또한 해월은 물건마저 존중하라는 경물(敬物) 사상을 설파했다. 사람이나 하늘을 존중하라는 것은 이해가 되지만 물건을 존중하라는 것은 다른 종교에서는 잘 발견되지 않는 가르침이다. 이것은 동학에서 만물에 한울님이 있다고 주장했으니 당연한 결론이라 하겠다. 해월이 가르친 대로 물질을 아끼고 존중한다면 현대 인류가 당면한 생태계 문제가 거의 해결될 수 있으리라는 것이 나의 견해인데 실현 가능성은 아직 모르겠다.

마지막으로 꼭 다뤄야 할 해월의 파격적인 가르침은 잘 알려진 것처럼 '향아설위(向我設位)'이다. 이것은 조선의 가부장제를 떠받치고 있는 가장 중요한 요소인 조상 제사를 근본에서 까뭉개 버린 엄청난 가르침이다. 조선은 유교식 가부장제로 국가를 통치했는데 그것에 초월적인 권위를 제공한 게 바로 제사였다. 가없는 조상을 제사로 모시면서 한없는 권위를 뽐낸 것이다. 이는 단순한 종교 의례가 아니라 고도의 정치적 행위였기 때문에 이를 어기면 극히 혹독한 형벌이 가해졌다. 그래서 조선 내내 제사에 대해서는 어느 누구도 그 존재 근거에 대해 반박하지 않았던 것이다. 유일한 예외가 기독교인들인데 그들은 그 대가로 목숨을 빼앗겼다. 그런데 제사에는 바람직하지 못한 요소가 많았다. 죽은 자들을 위해 굳이 많은 음식을 차리고 그래서 허식이 들어가고 또 가문의 위세를 뽐내느라 먼 조상들까지 제사 지내고…….

또한 제사 때문에 조선의 많은 여성들이 골병들었다. 제사 의식의 주체는 남성들이지만 힘든 제사 준비는 여성들의 몫이었기 때문이다. 이것을 해월은 단칼에 해결해 버린다. 해월에 따르면 조상들과 우리는 같은 한울님을 모시고 있으니 우리를 제사 드리는 게 바로 조상들을 제사 드리는 것이다. 그러니 저 벽 너머에 있는 조상들께가 아니라 우리들에게로 신위(神位)를 만들어야 한다. 다시 말해 '향벽설위(向壁設位)'가 아니라 '향아설위(向我設位)'라는 것이다. 그리고 한울님을 모시는 데에 음식은 필요 없고, 대신에 깨끗한 물 한 사발이면 족하다고 주장한다. 이른바 청수공양법이다. 향아설위법에는 또 다른 많은 의미가 있지만 이 정도면 해월의 의도는 대강 드러난 것으로 보인다.

이러한 해월의 엄청난 법문이 어떻게 명을 다한 나라의 궁벽한 촌에서 그 남루한 노인의 입에서 나왔을까? 한창 운이 들어와서 팔팔한 나라가 아니라 이제 망하기만 기다리는 노회한 조선에서 한낱 필부로밖에는 보이지 않는 촌부가 인류 종교사에 남을 이처럼 위대한 가르침을 어떻게 남겼냐는 것이다. 이것은 어떤 이론으로도 설명이 되지 않는다. 그저 한말의 한반도가 뭔가 특수한 땅이었다는 것밖에는 다른 할 말이 없다. 그리 말할 수 있는 것은 이런 엄청난 가르침들이 예서 그치지 않고 다른 형태와 모습으로 이어지기 때문이다. 이제부터 김일부와 이운규의 이야기를 만나 보자.

개벽의 이론을 정립한 남학

김일부와 이운규 이야기

김일부 金一夫
1826~1898

이운규 李雲圭
1804~?

이제 충남 연산으로 장면이 바뀌었다. 수운과 해월이 깨달음을 얻고 가르침을 펴고 있을 때 충남 연산 땅에서는 전혀 다른 일이 일어나고 있었다. 이른바 '남학(南學)'이라는 가르침이 움트고 있었던 것이다. 이것은 아주 희한한 도판(道板)이었다. 아마도 독자들은 남학이란 말이 생소할 터인데, 한말 신종교 중에서 남학은 나름 위치를 갖고 있다. 남학이라는 이름 자체가 동학을 의식하고 만든 것이라 더 그렇다. 한말에 "서학(기독교)은 동학에 망하고 동학은 북학에 망하고 북학은 남학에 남하고 남학은 중학에 망한다"는 비결이 있었음을 미루어 보면 남학이 꽤 비중 있게 다루어지고 있는 것을 알 수 있다.

남학이란?

남학이란 무엇인가? 이름도 생소할 테지만 그 기본 강령도 일반 독자들에게는 매우 생경할 것이다. 가장 기본이 되는 남학의 가르침은 한마디로 말해 새로운 주역이라 할 수 있는 정역 이론과 오음주(五音呪) 수련이라 할 수 있다. '정역(正易)'이라는 것은 말 그대로 주역(周易)을 바로 잡은 역을 뜻하는 것으로 남학의 창시자라 할 수 있는 김일부가 만든 새로운 역

(易)이다. 그리고 오음주 수련은 다가오는 새로운 세상에 맞게 심신을 단련하는 수련법이다. 이것은 음 가운데 가장 기본이 된다고 할 수 있는 다섯 가지 음, 즉 '음·아·어·이·오'를 여러 가지 방법으로 외우면서 춤을 추는 수련법이다. 대체 이게 무슨 소리일까?

김일부가 보기에 주역은 낡은 하늘(시대)을 설명해 주는 역이었다. 앞으로 이전과는 판연히 다른 세상이 오기 때문에 이전의 역으로는 후천 세계의 복잡한 사건들을 설명할 수 없다. 그래서 이제 오는 새로운 세상은 완전히 다른 이론 체제로 설명해야 한다. 그것이 이전의 주역을 바로[正] 세운 '정역'이다. 그가 이 정역을 만들게 된 결정적인 배경은 '정역팔괘도(正易八卦圖)'를 이미지로 본 데에서 비롯된다. 중국 주역에는 복희나 문왕이 만들었다는 팔괘도가 정통으로 내려오고 있었다. 김일부는 이것을 받아들이지 않고 자신만의 독자적인 팔괘의 배열을 만들어 낸다. 그게 바로 '정역팔괘도'이다.■

■ 새로운 팔괘의 배열이라고 하지만 별것은 없다. 태극을 가운데 두고 팔괘를 조금씩 다르게 배열하는 것인데 솔직히 말해 그게 그렇게 중요한 것일까? 괘의 위치가 조금 바뀐다고 세상을 보는 눈이 그렇게 달라지는지는 잘 모르겠다.

그런데 김일부는 어떻게 하다 새로운 팔괘의 배열을 발견했을까? '음·아·어·이·오' 다섯 가지 소리를 외우면서 춤을 추다 새로운 팔괘도가 그의 눈앞에 이미지로 펼쳐진 것이다. 그래서 그는 이 이미지를 가지고 주역 이론을 새로 썼고 그 결과로 정역이 나온 것이다. 이때 공자의 이미지까지 나타나 자신이 못한 일을 일부가 이루었다고 하면서 공자가 그를 칭찬했다고 하는 이야기도 함께 전해지고 있다.

그러면 정역이란 대관절 무엇인가? 정역의 원본인 주역은 중국 철학 중에 가장 어려운 철학에 속한다. 따라서 주역의 변형이라 할 수 있는 정역도 매우 어려울 것으로 생각된다. 그런 어려운 철학은 건너뛰고 여기서는 정역 철학이 갖고 있는 가장 독특한 점만 살펴보자.

정역이 주역과 가장 다른 점은 선천(先天) 시대가 왜 그렇게 악과 고통으로 얼룩졌나에 대한 체계적인 이론을 제시했다는 데에 있다. 정역은 그 이론을 주역 이론에 입각해 나름대로 조리 있게 제시했다.[■] 그들의 용어를 써서 설명해 보면, 선천, 즉 자신의 종교가 창도되기 전의 세계는 세계를 구성하고

■ 나는 이 이론에 동의하지 않기 때문에 '나름대로'라는 표현을 썼다.

있는 도수(度數), 쉬운 한국말로 하면 틀(frame)이 애당초 잘못 짜였기 때문에 고통스러울 수밖에 없다고 한다.

이 이야기는 한말의 종교가들이 너도나도 하는 말인데 이게 대체 무슨 뜻일까? 그 내력이 다소 황당하긴 하지만 간단하게 보자. 남학에 따르면 선천 시대가 유난히 고통스러웠던 것은 일 년이 딱 떨어지지 않는 365와 4분의 1일로 구성되어 있기 때문이다. 그래서 도수가 어그러져 사계절이 생겨나는 바람에 사람들이 괴로워했고 빈부귀천마저 생겨났다. 그러나 후천 시대가 되면 일 년이 360 정각(正刻)으로 바뀌기 때문에 이런 문제가 다 사라진다. 그리고 사람들은 모두 신선이 되어 800세까지 장수하고 조화를 마음대로 부리게 되어 악과 고통이 없는 지상천국이 도래한다.

이러한 주장에는 물리(물질)적인 차원과 사회윤리적인 차원의 다름을 혼동하는 심대한 오류■가 있지만 여기서 그 주장의 잘잘못을 논하지는 않겠다. 여기서 중요한 것은 이 이후로 한국의 신종교 대부분이 후천개벽 시대를 주장할 때에 이론적

■ 다시 말해 물질적인 차원은 물질로만 설명하고 윤리(혹은 정신)적인 차원은 그 차원에서만 설명해야지 이런 두 차원을 아무 맥락성 없이 연결시켜서는 안 된다는 것이다.

인 근거로 김일부가 주장한 정역 이론을 인용했다는 것이다.

그런데 이런 유토피아는 그냥 저절로 오는 게 아니다. '공짜 점심은 없다'는 것은 고금을 막론하고 진리 아니겠는가? 좋은 세월이 오기 전에 엄청난 홍수나 괴질의 범람 같은 하늘이 심판이 있다. 후천 시대 사람들은 이 겁란을 넘어서야 한다. 이를 위해 이 사람들은 무엇을 해야 하는가? 이때 해야 하는 것이 바로 오음주 수련이다. 이 수련을 계속하다 보면 무아경에 빠져 후천개벽 시대라는 유토피아 세계가 주는 황홀감을 맛볼 수 있다. 그렇게 오래 수련하면 몸이 개벽 체질로 바뀌어 겁란을 이겨내고 후천 세계에 진입할 수 있다.

이렇게 보면 그 전체 구도가 동학과 매우 비슷한 것을 알 수 있다. 동학에서도 후천개벽을 주장했고 그런 세계로 가기 위해 주문 수련을 강력하게 권했는데, 이와 같은 구도가 남학에서도 나타난 것이다. 그런데 동학은 '주자학'을 개편한 반면 남학은 '주역'을 개혁했기 때문에 나는 동학을 '민중 주자학', 남학을 '민중 역학'이라 부르자고 주장한 적이 있다.

이상이 아주 간단하게 본 남학의 교리인데 사실 우리가 더 관심 있어 하는 것은 이러한 교리가 나오게 된 배경이다. 남학이 역학을 개정한 가르침이니만큼 이 가르침 역시 조선의 유학계에서 나와야 한다. 과연 조선 유학계 어디에서 이런 파천황의 가르침이 나왔는지 여간 궁금한 게 아니다.

남학이 나오게 된 배경

그러면 이런 생경한 남학은 어떻게 해서 나오게 되었을까? 이것을 규명하기 전에 먼저 고백해야 할 것은 우리가 이 남학에 대해 아는 바가 지극히 한정되어 있다는 사실이다. 연구자도 아주 적어 두서넛에 불과할 뿐이다.[■] 그래서 극히 제한된 정보만 가지고 이야기할 수밖에 없다.

앞에서 나는 남학이 김일부에게서 처음으로 시작한 것처럼 서술했지만 사실 김일부에게는 이운규라는 스승이 있었다. 김일부가 세운 교단은 그저 '큰 종교'라는 의미에서 대종교(大宗敎)라 불렸는데, 위에서 본 것처럼 김일부가 가장 중시한 '정

■ 내가 가장 의존한 자료는 고 이강오 교수의 대작 『한국 신흥종교 총람』(한국신흥종교연구소, 1992)뿐이다. 이 교수는 이 책에서 이정호 교수의 『정역 연구』(국제대학출판부, 1976)나 김광화가 세운 오방불교 교단에서 나온 『금강불교연원록(金剛佛敎淵源錄)』(1938), 그리고 왜정 때 조선총독부에서 간행한 『朝鮮の類似宗敎』(村山智順 편저, 1935)를 꼼꼼하게 조사하여 남학에 대해 가장 상세한 정보를 제공하고 있다.

역'과 '오음주'는 스승인 이운규에게 배운 것이다.

그런데 이운규라는 사람에 대해서는 그리 알려진 게 없다. 이정호 교수의 설명에 따르면, 이운규는 전주 이씨로 본명은 수증(守曾)이고 55세라는 늦은 나이에 문과 급제를 했다. 또 대원군과 친했으며 신정왕후(新貞王后) 조대비(趙大妃) 쪽으로 도 인척관계가 있었다고 한다. 그리고 학문적으로는 이서구(李書九)[*]라는 학자의 맥을 이어 천문(天文)·역학(易學)·시문(詩文)에 능통했다고 하는데, 이서구의 행장에는 이운규라는 제자가 있었다는 기록이 안 보인단다. 그래서 그가 정말로 무엇을 했는지 알 수가 없다.[**]

단, 이운규에 대해 역사적으로 확실한 것은 그가 50대 후반인 1861년에 한양을 떠나 충남 연산으로 내려와 그때부터 김일부를 가르쳤다는 것이다. 그러다 몇 년 뒤에는 전북 진안 대불리(大佛里)로 옮겨가 이번에는 오방불교(五方佛敎)를 세운 김광화(金光華)를 가르친다. 이때 이운규의 두 아들도 같이 가

■ 이서구는 박지원에게 문장을 배우고 홍대용이나 박제가처럼 북학파들과 교류했다고 하니 그의 학풍을 알 수 있겠다.
■■ 『금강불교연원록』에는 이운규가 청림도사(靑林道士)에게서 도를 받았다고 하는데 이런 기록은 전혀 믿을 수가 없다.

서 김광화가 신종교를 세우는 데에 도움을 주었다고 하는데 구체적인 것은 잘 알지 못한다. 이런 그의 행장 때문에 항간에는 이운규가 최제우와 김일부와 김광화를 불러 가르치면서 그들로 하여금 각각 선도와 유교와 불교를 맡아 새로운 종교를 만들라고 권했다고 전해지는데, 이것은 이들의 생몰연대로 볼 때 사실일 수 없다. 어찌 됐든 그러다 이운규는 나중에 고향인 천안 목천으로 돌아갔다고 하는데, 그 뒤에 그가 그곳에서 언제 타계했는지에 대해서는 아무 정보가 없다.

이운규에 대해서는 많은 의문이 떠오른다. 그에 대해서 별로 알려진 게 없다고 하지만 그는 어떻든 주류의 유학자였다고 할 수 있다. 왕실과 친분이 두터웠고 한양에 살았으니 그렇게 추정해 볼 수 있는 것이다. 그런 그가 왜 자처해서 시골로 내려와 스스로 비주류가 됐는지 모를 일이다. 처음에 충남 연산으로 왔다가 나중에 진안 대불리로 갔던 이유에 대해서도 궁금한데 알려진 게 하나도 없다.

물론 조선조의 선비들이 낙향하는 것은 언제나 있을 수 있는 일이었다. 그러나 선비들이 아무리 자리를 바꾸더라도 그들이 주장하는 것은 천편일률적이었다. 공맹의 가르침을 수호하고 사서삼경을 금과옥조처럼 생각하는 것은 결코 변하지 않는다.

그런데 이운규는 이러한 세계관을 버리고 선천의 유교에 근본적인 개혁을 단행하고 그것에 메스를 댔다. 과거 조선의 선비들이 감히 주역을 비판한다는 것은 상상조차 할 수 없는 일이다. 중국의 모든 것이 그들에게는 성역이었고, 특히 주역은 형이상학적인 세계관을 결정하는 데에 있어 가장 중요한 위치를 차지하고 있었다. 세계가 음양으로 되어 있고 여기에서 파생된 괘를 가지고 인간사와 자연의 이치를 설명하는 것은 중화권 사람들에게는 완벽한 이론이었을 것이다. 따라서 그것을 대체하겠다는 생각은 거의 있을 수 없는 일이었고 실제로 조선조 전체에 그런 심대한 결정을 단행한 선비가 없었다. 좋은 비유가 될는지 모르지만 서양 중세의 지식인이 서양적 세계관에서 가장 근본을 이루는 구약 창세기의 세상 창조 원리를 부정할 수 있었을까 하는 생각이다. 그런데 이운규는 이것을 단행했으니 어떻게 된 일이냐는 것이다. 이렇게 큰일을 했는데 학계에서는 그에 대해 전혀 관심이 없으니 그것도 이상한 일이라고 하겠다. 그리고 이운규의 뒤를 이은 김일부에 대한 연구도 전혀 없는 것은 아니지만 다른 유학자들에 비하면 거의 없는 거나 마찬가지이다.

그러니까 여기에는 우리가 모르는 무엇인가 있다는 이야기이다. 당시 한반도의 도판에는 우리가 모르는 기운이 흐르고 있었고 이것이 경상, 전라, 충청 지방에서 각각 다른 모습으로 드러났던 것이다. 그런 기운에 이끌려 이운규가 새로운 세계관 건립에 도전했고 충남이나 전북으로 내려와 제자들을 가르쳤던 것이다.

이운규나 김일부를 볼 때 새로운 역의 이론을 제시한 것보다 훨씬 더 신기한 것은 주문 수련을 직접 수행했을 뿐만 아니라 그것을 가장 핵심적인 가르침으로 삼은 점이다. 오음주라는 주문 수련법이 정확히 어디에서 연유한 것인지는 잘 모른다. 왜냐하면 이운규가 오음주 수련을 했다는 기록을 찾을 수 없기 때문이다. 그러나 김일부는 누구보다도 이 수련에 매달린 사람이다. 정역 이론을 편찬하면서 새로운 팔괘의 배치도를 찾으려고 할 때 그는 전적으로 오음주 수련에 매진하고 있었다. 전하는 바에 따르면 그는 연산의 산과 강을 뛰어다니며 춤을 추면서 다섯 가지 음을 외웠던 모양이다. 그래서 그가 춤추었던 곳은 풀이 다 죽어 버렸다는 이야기도 전해지고 있다. 이 다섯 가지 소리를 높고 낮게, 길고 짧게, 맑고 탁하게 조절을 하면서 외우면 오행의 기운이 돌면서 자연스럽게 손발이 움직인다고 한다. 이때의 노래를 영가(詠歌)라고 하고 노래와 더불어 나오는 춤을 무도(舞蹈)라고 일컫기 때문에 나중에 김일부의 집단을 영가무도회(敎)라고 부르기도 한다.

김일부가 이렇게 춤추며 노래 부르고 다녔으니 주위에서 가만있을 리가 없다. 양반이 아닌 평민이 이렇게 하고 다녀도 손가락질을 받을 텐데 김일부는 어엿한 사대부이다. 사대부라면 나름대로 의관을 갖추고 있었을 터인데 선비 복장을 하고 영가무도를 하는 김일부가 얼마나 우스꽝스러웠을까 하는 생각이 든다. 조선의 선비들이란 노래와 춤을 가능한 한 멀리해야 하는 사람들이다. 그들은 이런 것들에 정신을 빼앗기는 것을 극력 꺼렸다. 가무란 사람의 감정을 자극해 마음을 흩뜨려 놓기 때문에 우리의 깊은 마음속에 있는 본연지성을 못 보게 막는다. 그래서 선비들은 감정이 분산되거나 노출되는 것을 아주 꺼렸다. 그들이 음악이나 춤을 멀리 하는 이유는 바로 그런 것이다. 그런데 김일부는 그것을 아예 주업으로 삼았으니 얼마나 파격적이었을까?

사정이 이러하니 김일부가 속한 광산 김씨 가문에서 가만있을 리가 없었다. 이런 경우에 조선의 양반 가문에서 많이 하는 일은 그 당사자를 족보에서 파내는 것이었다. 양반 가문의 체통을 손상시켰으니 그럴 만도 하겠다는 생각이다. 지금 입장에서 볼 때는 그까짓 족보에서 파내는 일이 별것 아닌지 모르겠지만 조선조 때는 상황이 많이 달랐다. 족보에서 퇴출되는 것은 사회적 죽음을 의미하기 때문이다.

가문에서 쫓겨나면 아무 이름 없이 떠돌아다니거나 산속에 묻혀 혼자 살면 문제가 없겠지만 사회 안에 있으면 정상적으로 살아가기란 불가능하다. 뿌리가 없는 사람이 되기 때문이다. 그래서 옛사람들이 하는 욕에는 "(네 놈을) 족보에서 파버리겠다"라는 것이 있는데 이것은 상당히 심한 욕이었다. 당시에 사람이란 누구든지 어떤 가문에 속해 있어야 하고 누구의 몇째 아들 혹은 누구의 자손으로만 통했는데 족보에서 지워지면 더 이상 그런 말을 할 수 없게 된다. 그래서 족보에서 제거되면 사람은 있지만 사실은 (사회적으로는) 없는 거나 다름없는 그림자 신세가 된다. 김일부가 당한 일이 바로 그런 것이었다.

그러나 김일부는 이런 것들을 다 감수하고 수련에 몰두했다. 자신이 이룩할 수 있는 경지를 생각해 보면 그따위 혹은 그까짓 사회의 질서는 별것 아니었을지도 모른다. 진정한 종교가들은 이렇듯 아주 막중한 것처럼 보이는 사회의 굴레를 하찮게 생각할 수 있는 자신감이 있는 사람들이다. 내가 새로운 하늘을 여는데 그까짓 옛날 질서쯤이야 하는 태도이다. 사람이 가질 수 있는 자신감 중에 이보다 더 큰 것은 없을 게다.

조선의 아웃사이더

남학에 대해서는 더 쓰려 해도 쓸 것이 없다. 워낙 자료가 없기 때문이다. 그리고 자료가 있어도 해당 교단에서 서술한 것이라 믿는 데에 주저감이 든다. 물론 남학이 김일부와 김광화를 통해 교단화되면서 많이 발전하고 지금까지 족적을 보이지만 우리의 관심사는 거기에 있지 않아 모두 생략한다.

내가 주목하고 싶었던 것은 당시 충청도 인근에 그때까지 접하지 못했던 새로운 도판이 있었다는 것이다. 그러니까 조선의 유학자들이 우리가 생각한 것처럼 그렇게 고루했던 것은 아닌 모양이다. 그렇지 않고서야 주류에서 일탈한 유학자들이 나올 수 있었겠는가? 우리는 교육을 받으면서 주로 이율곡이나 정다산처럼 주류의 유학자들에 대한 정보만을 접해 왔기 때문에 이윤규나 김일부 같은 아웃사이더들에 대해서는 전혀 알지 못했다. 그러나 조선에는 유교를 개혁한다는 점에서 실학을 훨씬 넘어서는 개혁 운동이 있었던 것을 남학을 통해 알 수 있었다. 최수운이 했던 일도 유교를 보다 보편적인 입장에서 바꾸려는 것이었으니 당시 조선 사회의 저류에는 유교 개혁에 대한 갈망이 대단했던 모양이다.

그러나 이제 판은 양반 사회에서 서민층으로 넘어간다. 여기서는 유교에 대한 개혁이 아니라 서민들이 가장 가깝게 지낸 토속 신앙에 대한 개혁 혹은 재해석에 들어간다. 최수운이나 김일부보다 조금 늦은 시기에 전라북도 고부 땅에 불세출의 천재 종교가가 나타난다. 강증산이 바로 그이다. 그가 나타났다는 것은 선비들의 차례가 지나고 서민들이 기치를 들기 시작하는 시기가 되었음을 의미한다. 서민들이 주역이 되어 자신들이 신봉했던 가치관을 재해석하려고 나선 것이다. 그런 의미에서 나는 증산을 가장 토속적인 종교가라 부른다.

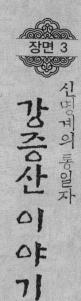

신명계의 통일자

강증산 이야기

강증산 姜甑山

1871~1909

우리는 이제 아주 이해하기 힘든 종교가를 만나려 한다. 증산 강일순이 그 주인공인데, 그는 자신이 하늘에서 내려온 옥황상제라고 하면서 전 우주에 쌓인 한을 없애려고 왔다는 '귀신 씨나락 까먹는' 허무맹랑한 설을 주장했으니 허풍선이 같은 종교가로 보일 수도 있겠다. 그러나 그는 남이 자신을 때리면 그 때린 손을 위로하고 밥을 반 공기만 얻어먹어도 꼭 은혜를 갚아야 한다고 하는 수준 높은 종교 윤리를 제공한 종교가이기도 하다. 그리고 사람뿐만 아니라 심지어 미물인 파리에게까지도 척을 짓지 않으면 모든 생명이 조화 속에서 개벽 세상을 맞을 수 있다는 드높은 생명 사상을 주창한 사람이기도 하다.

　그가 생각한 이상향은 한국인이 예부터 생각해 오던 것이었다. 즉 누구에게도 원한 살 일을 하지 않을뿐더러 항상 은혜 입은 것을 생각해 서로를 진실로 아끼는 그런 사회를 만들자는 것이었다. 이런 면에서 보면 그는 매우 뛰어난 종교가임에 틀림없다.

　그래서 그랬던지 강증산이 죽은 뒤에 그를 교조로 하는 교단이 수십 개(일설에는 80개 이상) 생겨났고, 특히 증산의 직제자인 차경석이 세운 보천교(普天敎)라는 교단은 신도가 수십만(심지어는 수백만)을 헤아렸다고 한다. 그리고 지금도 대순진리회나 증산도 같은 굴지의 교단이 남아 있는 것을 보면 그의 종교적인 영향력이 얼마나 큰지 알 수 있다.

그러나 강증산 생전에는 그 교세가 실로 미약하기 짝이 없었다. 따르는 제자가 없었던 것은 아니지만 그가 워낙 광인(狂人)처럼 하고 다닌 터라 사람들이 가까이 하기가 어려웠을 것이다. 특히 증산이 경찰에 붙잡혀 가서 받은 모진 고문의 후유증으로 죽었을 때 그의 곁에는 두세 명의 제자밖에 남지 않았다고 한다. 그 가운데 한 사람이 차경석으로 그는 그런 제자답게 일제 때 증산계 교단으로서는 가장 큰 교단을 형성했다. 뿐만 아니라 현재 증산계 교단의 양대 산맥이라 할 수 있는 '증산도'를 세운 이도 보천교 출신이었음을 감안하면 증산의 가르침의 맥이 아직도 결연하게 이어지고 있는 것을 알 수 있다. 그뿐만이 아니다. 소태산을 이어 원불교의 두 번째 교주가 되는 정산은 소싯적에 차경석이 만든 교단에 머물며 수행에 전념한 적이 있었다. 이와 같이 한국의 신민족 종교들은 서로 모두 유기적으로 연결되어 있다.

현대 한국 종교계에 이처럼 큰 족적을 남긴 증산은 대체 어떤 도판, 즉 도의 환경에서 성장하고 활약했을까? 앞서 보았던 종교가들의 이야기처럼, 여기서는 증산의 가르침을 세세하게 살피지는 않을 것이다. 나는 증산이 어떤 성장 배경 속에서 자신의 가르침을 만들어 나갔느냐에 대해서만 중점적으로 볼 것이다. 그의 깨달음의 여정이 어떠했길래 그런 영향력 있는 가르침을 남기게 됐는가를 보자는 것이다.

증산의 **출신** 배경 1 ― 수운이나 동학과 관련해서

증산의 종교적 생애에서 가장 중요한 것은 그가 1871년 전북 고부 지방에서 태어났다는 사실일 것이다. 물론 그의 출신 성분도 중요하지 않은 것은 아니다. 기록을 보면 그의 집안은 양반집 가계인 것처럼 전해지나 그저 대대로 농사를 짓고 살아온 평민에 불과한 것 같다. 당시는 신분 질서가 많이 와해되어 뚜렷한 가문이 아니면 신분을 따지는 건 그리 의미가 없다. 증산의 가계처럼 몇 대가 농사를 지었다면 아무리 조상이 양반이라도 이미 양민이 된 것이기 때문이다.

이런 사실은 증산이 어렸을 적에 남의 집 고용살이를 한 데에서 알 수 있다. 그러나 그의 신분이 천민이라는 것은 아니다. 왜냐하면 서당에서 공부를 했을 뿐만 아니라 결혼 후에는 공부를 더 해서 훈장까지 지냈다고 하니 말이다. 그래서 그의 집안을 추정컨대, 아마도 몸은 평민이지만 정신은 양반을 지향하는 수많은 조선 후기 가문 중에 하나이지 않았을까 하는 생각을 해본다.

사실 이러한 경향은 지금까지 이어지지 않는가? 요즘 한국 사람들을 만나 보면 조상들 가운데 벼슬 안 한 사람들이 없다. 게다가 족보 없는 집안이 없다. 모든 집안이 다 양반 출신이라는 것인데 이럴 수는 없는 일이다. 진짜 출신 성분은 알 수 없지만 모두가 양반을 지향하고 있는 것이다.

증산의 어렸을 때 이야기는 증산교파들이 신봉했던 경전인 『대순전경(大巡典經)』■에 자세히 나와 있다. 예를 들어 태몽에 하늘이 갈라지더니 큰 불덩이가 내려와 증산의 모친을 감쌌다느니, 해산하는 방에서 향내가 났다느니 하는 등등이 그렇다. 그런가 하면 증산이 소싯적에 서당서 한문을 배우는데 천자문에서 '하늘 천(天)' 자와 '땅 지(地)' 자를 배우자 하늘과 땅의 이치를 다 알았으니 더 이상 배울 게 없다면서 천자문 공부를 거부했다는 것도 그렇다.

■ 훗날 교파 별로 나름의 경전을 만든 경우도 있었지만, 나는 이 경전을 공식적인 것으로 간주하겠다.

이런 이야기들은 증산에게서만 발견되는 것이 아니라 한국의 문화 영웅에 관한 이야기에서 단골로 등장한다. 이른바 원형인 것이다. 굳이 증산에게서만 발견되는 게 있다면 어린 증산이 농악을 보고 혜안이 열렸다는 것일 게다. 여기서 그가 말하는 혜안이 무엇인지는 모르지만 그가 농악을 보고 무엇인가 느꼈다는 것은 농부라는 기층민에게 강한 동질감을 느낀 것으로 해석될 수 있을 것이다.

증산은 토속적인 사상가여서 그런지 농민들에게 강한 애정과 연민을 갖고 있었다. 하기야 본인 출신이 농부이니 자기 집단에게 동질감 갖는 것은 이상한 일이 아니다. 증산에 따르면 농민은 앞으로 오는 세상에 상등민이 될 것이란다. 또 당시 민중들에게 비결로 유행하고 있던 '남조선(南朝鮮) 사상'을 재해석하여 남조선은 조선 남쪽에 어딘가에 있는 유토피아적인 지역이 아니라 '남은 조선'이라고 새로운 주장을 했다. 이것을 조금 더 부연 설명하면, '남은 조선 사람'이란 동서 각 종파 어디에도 속하지 못하고 '남은 사람'이라는 것이다. 그러니까 유교나 기독교 등 외국에서 들어온 어느 종교에도 속하지 못하는, 그야말로 별 볼일 없는 하층민들이 '남은 조선 사람'인데 앞으로의 세상에는 이 사람들이 주역이 된단다. 또 증산이 농민들이 좋아하던 개고기를 즐겨 먹었다는 기록도 그의 민중 친향성을 보여준다.

증산은 스물한 살(1891년) 때 결혼을 하는데, 그의 첫 번째 부인인 정씨는 소아마비를 겪은 사람이었다. 정씨 부인과의 사이에는 강순임(姜舜任)이라는 딸 하나만을 두었는데 강순임은 부인 정씨와 함께 후에 원불교를 거론할 때 다시 등장할 것이다. 이렇듯 한말의 도인 집안들은 서로 얽혀 있다.

그런데 정씨 부인의 친정이 범상한 집이 아니었던 모양이다. 경전에 의하면 정씨 부인의 집에는 여러 종류의 책이 있었고 증산은 그 책들을 탐독했다고 한다. 그때 증산이 본 책으로 유불선 유의 경전이나 의술, 점복, 음양과 같은 술수의 책이 있었다고 경전은 전한다. 그래서 그는 그 공부를 바탕으로 훈장까지 지냈다고 한다.

이 정도가 당시 증산의 생활에 대해서 알 수 있는 전부인데, 앞서 본 증산의 어린 시절 이야기와는 달리 꽤 신빙성이 있는 것 같다. 왜냐하면 과장되거나 신격화된 그런 이야기가 아니라 단순한 사실의 나열이기 때문이다.

그런데 이 이야기들에서 우리는 몇 가지 사실을 추출해 볼 수 있다. 먼저, 왜 증산은 소아마비에 걸린 여성과 결혼을 했을까? 증산이 살았던 시대는 여성을 일상적으로 억압했던 조선 시대이다. 그런 시대에 정씨 부인은 여성인 데다가 장애인이었다. 그래서 아마도 정상적인 일상생활을 하기가 힘들었을 것이다. 그 때문에 이런 여성들은 결혼하는 것 자체가 힘들었을 텐데 증산이 장애인 여성과 결혼하게 된 것은 증산 쪽에 어떤 문제가 있지 않았을까 하는 추측을 가능하게 한다. 그것이 어떤 문제인지 모르지만, 예를 들어 증산의 집이 아주 가난했기에 조금 넉넉한 집안과 사돈을 맺은 것은 아니었을까? 그렇지 않고서야 굳이 장애인 여성과 결혼할 것 같지 않기 때문이다. 그 내막은 알 수 없지만 어떻든 확실한 것은 증산이 첫째부인과는 사이가 그리 좋지 않았다는 것이다. 그것은 그가 그 뒤로 부인을 둘이나 더 둔 것으로 추측할 수 있지 않을까? 첫 번째 제자인 김형렬(金亨烈)의 딸과 차경석의 이종사촌인 고씨가 그들인데, 이 가운데 고씨 부인은 증산 사후 증산교파에서 중요한 역할을 할 뿐 아니라 원불교사에도 등장한다.

그 다음에 증산의 처가에 있었다는 책의 종류도 궁금하다. 기록에는 별의별 책이 다 있었던 것으로 나와 있지만 과연 작은 향촌의 민가에 그렇게 많은 책이 있었을까 하는 의구심이 든다. 당시 웬만한 시골의 여염집에 어떤 책이 있었을까 하는 것도 매우 궁금한 사안이다. 증산의 처가가 훈장집이라고 했을 때 과연 어떤 유의 책이 있었을지 궁금한 것이다. 천자문을 비롯한 기본적인 경서들은 있었겠지만 과연 의술이나 점복 등과 같은 민간 신앙에 관계된 책도 있었을지는 잘 알 수 없다.

더 중요한 것은 증산이 1894년에 바로 옆 마을에서 일어난 동학혁명을 목도한 일이다. 우리가 잘 알고 있는 것처럼 고부에서는 그해에 전봉준이 민중봉기를 일으키는데 그 다음의 진행 과정은 익히 알려진 대로이다. 그해 11월에 동학군이 공주 우금티에서 패배할 때까지 그 사이에 많은 부침이 있었고 다양한 사건이 있었지만 그 자세한 내막을 다루는 것은 이 지면에서 할 일이 아니므로 더 이상은 언급하지 않겠다.

여기서 중요한 것은 이때의 봉기가 증산에게 종교가로서 심대한 전환점을 주었다는 점이다. 증산교파의 문헌에 의하면 모두들 이때 증산이 동학을 대체할 만한 종교적 운동을 생각하게 되었다고 술회한다. 모든 것이 흉흉한 당시 상황에서 동학전쟁까지 일어나 피폐해질 대로 피폐해진 민중들이 겪는 참상을 보고 증산이 갈 데까지 다 간 현세를 구하겠다는 생각을 가졌다는 것이다.

아마도 증산이 살던 곳에는 동학이 꽤 치성해 있었을 것이다. 그 적나라한 증거는 고부에서 전봉준이 동학의 조직을 이용해 봉기를 할 수 있었던 것으로 잡아야 할 것이다. 전봉준이 있던 전라북도 지역은 동학의 조직인 남접의 핵심 지역으로 동학교도들이 많이 있었다. 전봉준 자신이 접주였으며 나중에 같이 전쟁을 일으키는 손화중(孫華仲)은 대접주였으니 그 지역이 얼마나 동학에 가까웠는지 알 수 있지 않을까? 이 사실은 후에 증산의 주요 제자가 되었던 사람들의 출신 성분을 보아도 알 수 있다. 많은 제자들을 거론할 필요도 없이 증산의 최초 제자가 된 김형렬이 동학교도였고 차경석(그리고 그의 아버지) 또한 동학교도였으니 당시 그 지역에 동학교도들이 얼마나 많았는지 알 수 있을 것이다.

증산도 동학에 관심이 많았을 테고 자연스럽게 동학교도가 되었을 것이다. 그런데 그가 과연 어떤 정도로 동학에 몸을 담았는지는 알려진 것이 없다. 전봉준처럼 동학의 접주를 했다는 기록도 없다. 다만 확실한 것은 동학혁명이 일어났을 때 증산은 직접적으로 혹은 열렬하게 가담하지는 않았다는 사실이다. 왜 그런가 하면 동학군들이 가는 곳을 자신도 따라다니기는 했지만 직접 전투에 참가한 적은 없기 때문이다. 더 나아가서 전봉준의 시도는 실패할 것이라고 주장하면서 참가하고 있던 동학군들에게 이탈을 권유했다고 하니 말이다.

증산은 그전에 동학에 합류해 활동을 했지만 폭력적인 운동에 대해서는 그다지 찬동하지 않았다. 대신 증산은 종교적 천재답게 동학에서 종교적인 요소를 배워 후에 그의 종교 운동에 그것을 활용했다. 하지만 동학혁명처럼 사회를 물리적인 힘으로 개혁하려는 데에는 거부감을 가졌던 것 같다. 사실 수운이나 해월, 그리고 증산은 종교가들이라 물리적인 행동으로 사회를 뜯어고치기보다는 인간의 내면을 바꾸어 좋은 세상을 가져오는 것을 더 선호한다. 역대 훌륭한 종교가들 가운데 직접적인 힘, 어떤 경우에는 폭력을 사용해도 좋다는 가르침을 설파한 사람은 극히 드물었다. 대신 지극히 평화로운 방법으로 인간의 내면을 관상할 것을 주문했다. 예수 주위에는 힘을 행사해서 로마와 맞서자고 부추기는 사람이 있었지만 예수는 그런 요구에 결코 응하지 않았다. 이런 시각에서 보면 증산이 전봉준 식의 물리적인 거사를 좋아하지 않은 것은 지극히 당연한 일이라 하겠다.

좌우간 증산이 동학혁명을 만난 것은 결혼한 지 2년 뒤의 일이었다. 그는 동학혁명의 진행 과정을 지켜보았을 것이다. 이때 증산은 동학을 뛰어넘는 큰 교단을 세워야겠다는 꿈을 가졌던 것 같다. 증산이 무슨 생각을 했는지에 대해서는 구체적으로 알 수 없다. 단지 경전에 따르면 수운이 너무 유교에 치우쳐 그것으로는 이 피폐한 세상을 구할 길이 없어 증산이 새로운 가르침을 폈다고 한다. 이 내용에 대해 경전에서 전하는 것은 매우 신비적이라 이해하기가 힘들다. 가령 증산이 구천에 (옥황)상제로 있을 때 온갖 신명들로부터 세상을 구해 달라는 청이 있어 지구에 내려왔지만 곧장 지상에 태어나 구원 사업을 시작한 것은 아니라고 한다. 대신 금산사의 미륵불에 내려와 머물면서 일단 수운에게 법을 주었는데, 수운이 유학의 틀을 벗어나지 못했다고 생각해 7년 만에 수운에게서 법을 거두어들이고 자신이 직접 내려왔다고 한다. 그래서 그런지 수운이 죽은 지(1864년) 7년 뒤인 1871년에 증산이 태어난 것으로 되어 있다. 이것이 우연의 소산인지 아니면 이 기간에 맞추려고 증산이 7년이라고 말한 것인지는 알 수가 없다.

이런 신화적인 이야기들의 진위 여부를 따지는 일은 무의미하다. 증산이 이런 이야기를 한 것은 과거에 자신이 동학교도였지만 자신은 그것을 넘어섰다는 것을 보여주기 위해 생각해 낸 것 아닐까?

그런데 비록 증산이 자신은 유교에 치우친 수운을 넘어 선도(仙道)로써 유토피아를 열 것이라고 했다고 했지만 정작 그들의 가르침에서는 그다지 다른 점을 발견할 수 없다. 수운의 가르침의 핵심은 앞에서 본 것처럼 주문 수련을 하고 높은 덕을 잘 지켜서 개벽선경(開闢仙境) 시대를 여는 것이다. 이러한 가르침은 사실상 유학과는 아무 관련이 없다. 그런데 증산의 가르침도 이와 대동소이하다. 태을주(太乙呪) 같은 주문을 열심히 외고 다른 사람들을 해치지 않으며 은혜 갚을 생각을 하며 살라고 하니 말이다. 이렇게만 살면 용화선경(龍華仙境) 시대가 열린다는 게 증산의 가르침이다.

수운과 증산의 가르침은 외우는 주문이 조금 다를 뿐 그 구조나 내용은 거의 같다. 그래서 증산의 가르침은 수운이나 동학의 연장으로 보아도 크게 무리가 없다. 실제로 증산은 자신의 출현이 동학에서 예언한 대선생(大先生)의 강림이라는 식으로 말한 적이 있었다. 수운이 유교에 치우쳤다는 증산의 비판은 기층민으로서 상층민에 대해 갖는 거부감에서 나온 것 아니었을까 하는 생각이다. 수운은 비록 서얼이지만 양반이었고 증산은 평민이었으니 유교에 대해 반감을 갖는 것은 이해할 만하다. 그러나 증산이 수운에게 갖는 결정적인 불만은 다른 점에서 발견된다. 이제 그것을 보자.

증산의 출신 배경 2 — 독자적인 행보

동학혁명이 끝난 1895년 직후 증산이 무엇을 했는지는 잘 알려져 있지 않다. 다만 처가에서 훈장 생활을 계속하면서 동학을 능가할 만한 새로운 가르침을 구상했을 것으로 생각된다. 이때의 증산 모습에 대해서는 앞에서 인용한 이강오 교수의 주장이 가장 설득력 있는 것 같아 그의 말을 들어보겠다.[■]

이강오 교수에 따르면 증산은 동학을 쫓아다니면서, 특히 전쟁터를 따라다니면서 이러한 혼란에서 벗어나는 일은 인간의 능력으로는 가능하지 않다는 것을 절실하게 깨달았다고 한다. 증산의 입장에서 본다면 이런 생각을 이해 못할 바는 아니다. 잘못된 현실을 바로 잡으려고 동학이라는 높은 가르침이 나왔는데 이유야 어떻든 간에 동학교도들이 전쟁을 일으켜 사회가 더 혼란스러워졌으니 인간의 힘으로는 안 된다

■ 이강오, 『한국 신흥종교 총람』(한국신흥종교연구소, 1992), 187~191쪽.

는 생각을 할 수도 있었을 것이다.

　당시의 혼란상을 어찌 필설로 다할 수 있겠는가. 동학교도들은 큰 뜻을 가지고 전쟁을 시작했겠지만 동학을 표방하면서 노략을 일삼은 불순한 무리들이 있어 부작용도 있었던 것 같다. 따라서 '동학군' 하면 당시 전북 지방에서는 무서운 무리로 이해되는 경우도 있었던 모양이다.

　이러한 예는 뜻밖에도 원불교의 교주인 소태산이 어렸을 때의 일화에 나온다. 어린 소태산이 어른들과 내기를 했는데, 그가 그날 안으로 그 어른을 놀라게 하면 이기는 내기였다. 승패는 간단하게 갈렸다. 그날 오후 소태산이 "동학군이 마을에 왔다"고 소리쳤더니 어른들이 혼비백산이 되어 숨기에 바빴기 때문이다. 동학전쟁을 쫓아다녔던 증산은 이런 동학군의 모습도 보았을 것이다. 그래서 인간(동학)의 힘으로 인간(정부)의 악습을 고치는 일이 힘들다고 판단했는지도 모르겠다.

　그러면 증산은 이 어지러운 세상을 어떻게 고쳐야겠다고 마음먹은 걸까? 엉뚱하게도(?) 증산은 신명의 힘을 빌려 부릴 수 있는 도술이 아니면 이 세상을 구할 수 없다는 결론을 내린다. 이 점에서 우리는 증산이 동학에 대해 갖는 결정적인 불만을 알 수 있다.

증산이 보기에 동학은 천주를 모시고 '시천주(侍天主)'로 시작하는 13자 주문[■]을 외우면 온갖 '도술조화'를 부릴 것처럼 이야기하는데 실제로는 전혀 그렇게 하지 못하고 있다는 것이었다. 동학은 유교의 연장이기에 '인도적인' 것에 그쳐 '신도적인' 도술적 조화가 없어 세상을 구하지 못하고 있다는 것이 증산의 생각이었다. 여기에서 우리는 증산의 생각이 맞다 그르다를 논하지 않겠다. 대신 과연 증산은 어떤 경로를 통해 이런 생각을 갖게 되었냐는 데에 주목할 것이다. 예를 들어 수운의 경우에는 9촌 아저씨인 최림의 영향을 받아 도술적인 데에 관심을 가졌을 것이라고 추측했는데 증산에게는 그런 멘토가 보이지 않는다. 증산은 이런 생각을 과연 어디서 흡수했을까? 현재 남아 있는 문헌에는 이에 대한 단서가 보이지 않는다. 그러나 해석할 수 있는 방법은 있는데 그것은 나중에 결론에서 보기로 하고 여기서는 증산의 일생을 더 살펴보자.

이강오 교수에 따르면 증산은 위와 같은 결론을 내린 뒤 신명을 부릴 수 있고 비나 바람을 부른다거나 둔갑 따위를 마음대로 할 수 있는 도술을 연마하고자 많은 노력을 했다고

■ '시천주조화정 영세불망만사지(侍天主造化定 永世不忘萬事知)'라는 주문이다.

한다. 한마디로 말해 모든 것에 통달할 수 있는 도통 공부를 한 것이다. 이를 위해 그가 무엇을 구체적으로 했는지는 알려져 있지 않다. 우리 같은 범인들은 아무리 생각해 보아도 도대체 무엇을 하면 신명을 마음대로 부리고 바람과 비를 부를 수 있는지 알 길이 없다. 아울러 도통 공부라는 것도 무엇인지 알 수가 없다. 도통을 하면 세상만사를 다 알 수 있다는데 한 개인이 어떻게 세상 모든 일을 알 수 있다는 것인지 분명하지 않다. 그런데 증산의 이러한 기행은 그가 세상을 떠나기 전까지 계속되니 이때에도 비슷한 행태를 보였던 것은 확실한 듯하다.

그 다음으로 증산이 했던 일은 스물일곱 살 되던 1897년에 유력 여행을 떠난 것이었다. 곧 일종의 순례인데, 본격적으로 공부하기 전에 넓게 세상을 보는 것이다. 그리고 자신이 공부한 것을 바탕으로 세간에 도통했다고 전해지는 '술객(術客)'들을 만나 보려는 생각도 컸을 게다. 수운도 각(覺)을 체험하기 전에 유력 여행을 갔다 왔다. 증산은 수운보다 훨씬 짧게 약 3년을 돌아다니는데 증산이 겪은 일들에 대해서도 별로 알려진 게 없다. 지금까지 딱 두 가지 사건만 알려져 있는데 그것도 진위 여부가 확실하지 않다.

하나는 증산이 남학의 교주 김일부를 만난 일이다. 『대순전경』에 따르면, 증산이 도착하기 전 일부가 꿈속에서 상제를 만났는데 증산을 직접 만나 보니 꿈에서 본 바로 그 상제였다. 그래서 보는 순간 절을 네 번이나 했다고 하는데 물론 이런 이야기는 김일부 쪽 문헌에는 전혀 보이지 않는다.[■] 또한 이 이야기는 사실일 가능성이 아주 희박하다. 무엇보다도 연도 차이가 심하게 나기 때문이다. 증산보다 근 50년 앞선 인물인 일부가 증산에게 극진한 예를 갖추었다는 것은 이상하다. 게다가 증산이 길을 떠난 1897년은 일부가 타계하기 1년 전이다. 따라서 증산이 일부를 만나는 일이 불가능한 것은 아니지만 개연성은 상당히 떨어진다. 그때 일부는 이미 자신의 교단을 세워 놓고 교주 행세를 단단히 하고 있었을 터인데 증산 같은 풋내기 청년을 만났을지 대단히 의심이 간다.

또 다른 사건은 사실 여부를 떠나 우리의 주목을 요한다. 충남 비인(庇仁)에 살던 도인 김경흔(金京訢)을 만나 태을주[■■]

[■] 김일부의 스승인 이운규가 수운, 일부, (김)광화에게 도를 나누어 가지라는 지시가 있었다고 전해지는데, 여기에도 증산은 전혀 언급되지 않는다. 아마도 나이 차이가 너무 벌어져 증산은 이 그룹에 낄 수 없었을 것이다.

라는 주문을 얻었다는 것이 그것이다. 태을주는 증산을 교
조로 하는 종파에서 가장 중시하는 주문이라 증산교파의 브
랜드라고도 할 수 있다. 그런데 증산이 태을주 주문을 채택
한 이유가 재미있다. 증산의 해석에 따르면 김경흔은 50년간
열심히 도 공부를 했지만 이 주문을 완성하지 못하고 세상
을 떠났기 때문에 자신이 그 한을 풀어 주고 주문을 완성한
것이라고 한다. 한이 서려 있어 이 주문이 더 강력했다는 것
이 증산의 해석인데 역시 해원(解寃) 사상을 가장 중요히 여기
는 그다운 생각이다. 우리가 알 수 있는 것은 이것뿐인데 대
관절 김경흔이 누구인지, 어떤 도맥(道脈)을 따라 공부하던 사
람인지 아무것도 알려진 게 없다. 김경흔이란 도사는 강증산
에 관한 이야기에서만 등장할 뿐 어디에서고 발견되지 않는
다. 왜 이렇게 모르는 도사 이야기가 자꾸 나올까? 당시의 도
맥은 우리가 아는 것보다 훨씬 더 복잡하고 다양하게 얽혀
있는 것일까? 이런 질문에 대해서는 아직 연구가 제대로 되어
있지 않으니 답을 할 수 없다. 다시 증산 이야기로 돌아가자.

■■ 태을주는 "훔치훔치 태을천상원군 훔리함리 훔리함리사바하"라는 21
자로 되어 있는데, 이것은 불교의 '구축병마주(驅逐病魔呪)'에 '훔치훔
치 태을천상원군'을 붙인 것이라고 한다.

우리가 잘 알지 못하는 3년 동안의 유력을 마친 증산은 1900년, 그의 나이 서른 살 때 집으로 돌아온다. 귀환한 증산은 곧바로 강도 높은 주문 수련을 시작한다. 그리고 자신이 호랑이로 둔갑해야 한다고 하면서 마을 뒷산을 오르락내리락 하면서 소리를 지르곤 했단다. 그런 까닭에 동네 사람들은 그를 미친 사람 취급해 상종하지 않았다고 한다. 그러다 그는 앞에서 말한 것처럼 신명을 마음대로 할 수 있는 힘이 필요하다고 생각해 이듬해인 1901년 모악산 기슭에 있는 대원사로 들어간다. 우리는 그가 대원사에서 무엇을 했는지 알지 못한다. 단지, 대원사에 들어간 지 9일째 증산이 "오룡허풍(五龍噓風)"에 천지대도를 깨달으시고 탐음진치(貪淫瞋痴) 사종마(四種魔)를 극복하시니"라고만 경전은 전하고 있을 뿐이다. 아마 경전을 쓴 사람도 자세한 내용을 몰라 그냥 동양 성인들의 깨침을 표현할 때 쓰는 상투적인 용어를 가져다 쓴 것 같다. 그런데 어떻게 9일 만에 욕심이나 음심(淫心), 성냄, 어리석음을 다 떨쳐 낼 수 있었을까?

사실 붓다나 예수의 경우(이슬람교를 세운 무함마드도 마찬가지

■ 심한 폭풍우를 다섯 마리 용이 불어내는 바람이라는 의미라고 한다.

지만)를 보면 그들이 이 생애에서 도를 깨치는 데에는 적지 않은 세월이 걸렸다. 잘 알려진 것처럼 붓다는 수행을 시작한 지 6년 만에야 깨침을 얻을 수 있었고, 예수는 확실하지 않지만 그 역시 수년 동안의 수도를 통해 신의 부름을 받게 된다. 그런데 증산의 경우는 그가 단 9일 만에 인간의 가장 큰 문제인 '탐음진치'를 단번에 극복했다고 하니 잘 믿기지 않는다는 것이다. 이 문제를 어떻게 이해해야 할지는 아직도 잘 모르겠다.

이때 증산이 이루었다고 믿고 싶은 것을 이강오 교수는 이렇게 정리한다. 즉, 증산은 신명계와 인간계의 모든 일을 알 수 있게 되었고 천지도수(天地度數)가 돌아가는 것을 다 알아 미래를 예측할 수 있으며 신명을 마음대로 부려 비바람을 부르고 둔갑하는 도술을 할 수 있으며 신명을 감화시켜 자기 마음대로 호출하고 자리에 임명할 수 있고 심지어는 천지의 운행도 고쳐 후천개벽 시대를 열 수 있는 권능까지 얻었다는 것이다.■ 이것이 바로 현재 증산교도들이 믿고 있는 증산에 대한 이미지일 것이다. 아니면 그들이 증산에 대해 믿고 싶은 것일 수도 있다.

■ 이강오, 『한국 신흥종교 총람』(한국신흥종교연구소, 1992), 188쪽.

개인적으로는 증산이 얻었다는 이러한 능력의 존재가 의심스럽지만, 여기에서는 더 이상 따지지 않겠다. 다만, 우리가 여기서 궁금해 하는 것은 증산은 왜 이런 방향으로 생각이 미쳤고 그의 추종자들로 하여금 자신이 이런 사람이라고 생각하게 만들었을까 하는 것이다. 이 점은 결론 부분에서 상세하게 다룰 것이다.

증산이 마지막 수련을 위해 갔던 대원사는 후에 원불교의 2대 종법사인 정산이 수도를 위해 간 곳이기도 하다. 정산은 당시 차경석이 이끄는 교단(태을교)에서 수도를 하고 있었다. 이 점은 정산 이야기에서 자세하게 다룰 것이다. 정산은 이곳에서 많은 인연을 만난다. 당시 정산은 아마도 자신이 롤 모델로 생각하고 있는 증산을 더 깊게 느끼기 위해 대원사를 수도의 장소로 택한 것 같다. 이런 점에서도 알 수 있듯이 이때의 도인들은 그 동선들이 계속해서 겹친다.

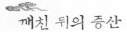
깨친 뒤의 증산

대원사에서 은거를 마친 뒤 증산은 자신이 도통했다고 생각했던 것 같다. 집으로 돌아온 그는 겨울임에도 불구하고 냉

방에 들어가 식음을 전폐했다고 한다. 이때 했던 것은 아마도 그의 필생의 작업인 천지공사(天地公事)를 시작한 일이리라.

천지공사란 쉽게 말해서 증산이 상제로서의 권능을 가지고 세상의 틀을 새로 짜는 것이다. 이 선천세상은 천지도수가 애초부터 잘못 짜여 있기 때문에 도수(frame)를 고쳐서 새로 짜야 새로운 세상으로 거듭날 수 있다. 이 일을 할 수 있는 사람은 상제인 증산 자신이라고 생각한 것이다. 그러려면 무슨 일인가를 해야 하는데 그 일로 택한 것이 바로 천지공사이다. 천지공사는 주로 증산이 종이에 글을 써서 혼자 무엇인가 되뇌다가 그 종이를 불에 태우는 일과 같은 상징적인 행위로 할 때가 제일 많았다. 그렇지 않으면 제자들로 하여금 일정한 상징적인(혹은 모방적인) 행위를 하게 하는 일종의 연극적인 제의를 하는 경우도 꽤 있었다.

여기서 천지공사의 내용은 중요한 것이 아니다. 중요한 것은 증산은 자신이 행하는 이러한 주술적인 행위로 물리적인 세계가 바뀔 것이라고 생각했다는 것이다. 이에 대해 아주 간단한 예를 든다면, 증산이 죽기 직전에 후천 시대의 전쟁을 정리하려는 목적으로 제자들에게 담뱃대를 총처럼 거꾸로 들게 하고 입으로 총소리를 내게 했던 일이 있다. 증산은 정말로 이런 일을 하면 세상의 전쟁을 없앨 수 있다고 믿은 것 같다. 자신을 상제로 생각하니 그렇게 믿을 만도 한데, 이것은 상상 속의 세계와 실제의 세계를 구분하지 않은 결과가 아닐까 한다.

이런 식의 사고를 종교인류학에서는 주술적인 사고라고 한다. 종교인류학자들은 이러한 주술을 보통 두 가지로 나누는데 모방주술(imitative magic)과 감염주술(contagious magic)이 그 것이다. 굳이 증산의 경우를 이 주술의 범주에 넣는다면 그가 행한 천지공사는 모방주술에 해당한다고 할 수 있다. 모방주술이란 비슷한 행위가 비슷한 일을 낳는다는 생각 아래 행하는 주술을 말한다. 예를 들어 기우제를 지낼 때 사제가 물을 붓는 일을 계속하는데 그것은 이 같은 물 붓는 행위가 모방되어 실제로도 비가 올 것이라는 믿음이 있기 때문이다. 반면 감염주술은 지금 행하는 주술적인 행위가 감염되어 똑같은 일이 주술을 거는 대상에게도 벌어질 것이라고 믿으면서 행하는 주술이다. 이런 주술 가운데 가장 대표적인 것으로는 흑주술(black magic)을 들 수 있다. 상대방으로 상정되는 인형을 송곳으로 찌르면 그 상대방이 똑같은 고통을 느낄 것이라고 믿는 것이 흑주술의 전형적인 모습이다.

어떻든 증산이 이렇게 도통 공부에 미쳐 이상한 짓을 하니 주위 사람들이 곱게 봐줄 리가 없었다. 그래서 그의 말을 듣거나 따르는 사람이 거의 없었다. 그러다 그 다음 해(1902년) 드디어 첫 번째 제자인 김형렬이 나타나 증산을 자기 집에서 모시자 소수의 추종자들이 생긴 것 같다. 이때 그가 몇몇의 추종자들에게 한 이야기의 대종은 다음과 같다고 전해진다. '나는 옥황상제인데 인간계에 내려왔다. 따라서 그 권능으로 천지공사를 할 것이다. 그렇게 하기 위해 천지를 개벽해 유토피아적인 지상선계의 조화정부(造化政府)를 열어 너희 중생들을 구할 것이다. 그러니 너희들은 남에게 척을 짓지 말고 은혜를 입으면 반드시 갚을 생각을 하고 내가 하는 천지공정(天地公庭)에 참여하라. 그러면 너희들도 도력과 조화의 힘을 얻을 수 있을 것이다'라고 말이다.

그 다음부터 증산은 추종자들을 데리고 태을주를 비롯한 다양한 주문을 가지고 주문 수련을 시킨다. 사람은 누구나 주문 수련을 열심히 하면 나름대로 종교 체험을 하는 법이다. 증산의 제자 중에도 기이한 현상을 겪는 사람들이 나오기 시작한다. 어떤 사람은 신령이 내려왔다고 하고 어떤 사람은 먼 곳에서 일어난 일이나 미래의 일을 알아맞혔다는 것이 그것이다. 그와 더불어 웬만한 질병도 쉽게 치유됐다.

증산 역시 비상한 능력을 갖고 있어 여러 이적을 보인다. 병 치료는 기본이고 물을 술로 변하게 한다든가 자연 현상을 자기 마음대로 조작한다든가 심지어는 죽은 아이를 살려내기도 했다고 전해진다. 이렇게 되니 점점 더 많은 사람들이 그를 '신인(神人)'으로 신봉하고 따르게 되었다.

그런데 이때 증산의 모습은 정상이 아니었던 모양이다. 증산은 그전에도 그랬지만 김형렬의 집으로 온 뒤에도 여기저기에 있는 추종자들의 집을 찾아다녔는데 그 몰골이 거지 차림이었다고 한다. 여름에 겹옷을 입는가 하면 겨울에 홑옷을 입고 갓은 쓰지 않고 손에 들고 다녔다고 한다. 또 어떤 때에는 범인들이 도저히 이해하지 못하는 허황된 말을 지껄이곤 해서 여전히 많은 사람들이 그를 광인으로 생각했다. 그의 면모에서 비상함을 본 사람들은 그의 제자가 되었고, 그저 미친 사람으로만 보는 사람들은 여전히 그를 외면했다.

사람들이 증산을 추종한 것은 그의 신비한 행실 때문만은 아니었다. 증산은 자신을 따르는 사람들에게 장밋빛 미래를 약속했다. 그는 상제이기 때문에 하룻밤 사이에 누각을 10만 간 지을 수 있고 추종자들로 하여금 응분의 자리를 갖게 할 수 있단다. 그렇게 되면 신명들이 우리 인간들을 받들어 모실 것이라고 제자들에게 강하게 주장했다. 다시 말해 인간이 신보다 더 중하게 우대받는 이른바 인존(人尊) 시대가 도래한다는 것이다.

이러한 증산의 말을 들은 추종자들은 분명 솔깃했으리라. 왜냐하면 그들은 아무것도 가진 게 없고 하루하루 근근이 입에 풀칠하며 사는 평범한 농부들인데 양반들이나 사는 고대 광실에서 어여쁜 선녀들의 시중을 받으면서 살 수 있다고 하니 말이다. 그게 다 '뻥'인 줄 알면서도 믿고 싶었을 수도 있지 않을까? 게다가 증산은 자신이 죽게 되면 다시 출세할 것이라는 언질을 줌으로써 추종자들로 하여금 자신이 미륵불이나 수운 같은 불사의 구세주라는 느낌을 갖게 했다. 그러니 사람들은 더 믿고 싶었을지도 모른다.

같은 맥락에서 증산은 자신이 동서양의 유명한 신명으로 구성된 통일 신단의 의장이라고 주장했다. 그런데 이 신명들 가운데에는 선천의 잘못된 도수로 인해 원한을 갖고 있는 경우도 있었다. 증산은 상제로서 이런 신명들의 원한을 다 풀어준 다음 그들을 데리고 조화정부를 만들어 새로운 개벽 세상을 열 것이라고 주장했다. 이 신명 중에는 각 지역을 관장

하는 신명도 있고 일정 지역의 문화를 담당하는 신명도 있고 종교를 맡고 있는 신명도 있었다. 증산은 이 신명들을 데리고 새로운 질서를 짜면서 개벽 시대를 준비한다는 것이다.

그런데 개벽 시대는 그냥 공짜로 오지 않는다. 개벽 시대가 오기 전에 알 수 없는 괴질이 온 세상을 덮친다. 이 병에 걸리면 자다가도 죽고 길에 다니다가도 죽는다. 이른바 겁란이 닥쳐오는 것이다. 여기서 살아남으려면 증산의 가르침을 믿고 열심히 주문 수련을 해서 병이 침범하지 못하게 해야 한다. 이것이 증산이 주장한 교설의 대강인데, 이렇게 생각하는 사람들이 점점 늘어나 증산 주위에는 꽤 많은 무리가 형성되었다.

이러던 중 증산에게 매우 중요한 제자가 나타난다. 1907년 6월에 차경석을 만나게 된 것이다. 차경석 역시 앞에서 본 것처럼 동학과 관계가 깊은 사람이다. 그의 아버지가 동학의 접주였는데 동학혁명 당시 붙잡혀 사형을 당했기 때문이다. 차경석도 동학도로 나름 활동하고 있다가 1907년 증산을 만나게 된다.

증산과 차경석의 첫 만남은 그야말로 운명적이다. 토지를 둘러싼 집안 송사로 고발장을 들고 전주에 가던 차경석이 금구에 있는 어느 주막에 들렀는데, 그곳에서 우연히 증산을 만난다. 서로 이러저러한 이야기를 나누던 중 차경석의 사정을 듣게 된 증산은 "네가 송사에서 이기면 다른 사람이 죽는다. 사람을 살리는 일을 해야 한다"고 타일렀단다. 증산에게 감화를 받은 차경석은 그 자리에서 제자 되기를 청했으나 증산은 허락하지 않았다.

이처럼 증산이 처음부터 차경석을 받아들인 것은 아니지만 거듭되는 부탁에 증산은 차경석을 받아들였을 뿐만 아니라 자신의 몸을 의탁한다. 차경석이 증산을 자기 집으로 모셔 간 것이다. 증산은 그때 비로소 이전의 광인 패션을 버리고 의관을 갖추었다고 전해진다. 증산이 왜 이때부터 옷을 제대로 갖추어 입었는지는 알 수 없지만 증산은 이후로 매우 중요한 천지공사를 시행한다. 예를 들어 여러 신명으로 구성된 조화정부를 만드는 천지공사를 했는가 하면, 앞으로 닥칠 큰 병을 치료할 수 있는 의통(醫統)을 차경석에게 전수하기도 했다. 이때 증산은 앞에서 말한 것처럼 천지공사를 하자면 음양이 갖추어져야 한다고 주장해 차경석이 데려온 그의 이종 여동생 고판례(高判禮)를 둘째부인으로 삼는다. 이 여인에 대해서는 원불교의 두 번째 종법사였던 정산과 관계된 바가 있어 조금 자세히 볼 필요가 있다.

고판례는 증산교파에서 보통 '고수부(高首婦)'라 불리는데, 이때 '수부'란 말 그대로 '으뜸 여인'이라는 뜻이다. 증산이 이러한 제도를 만든 것은 음양의 질서를 바로 잡기 위해 여성 대표를 하나 정하고 그를 통해 자신의 방식으로 공사를 보아야 한다고 생각했기 때문일 것이다. 증산은 앞으로 오는 개벽 시대에는 여성이 더 이상 차별당하지 않고 남성과 동등해질 것이라고 주장했다. 이것에 대해서도 증산이 많은 발언을 했지만 여기서는 고수부와 관계된 것만 보자.

　　한번은 증산이 눕더니 고수부로 하여금 배 위에 걸터앉게 한 다음 자신에게 칼을 겨누게 하면서 "나를 일등으로 정하여 모든 일을 맡겨 주시렵니까"라고 묻게 했다. 그런 다음 증산은 이 요구를 응낙했다. 이 사건에 대해서는 많은 의미를 부여할 수 있지만 앞으로 오는 세상은 여성이 이렇게 중요한 위치를 차지하리라는 것을 상징적으로 표현했다고 볼 수 있겠다.

　　이상이 당시에 생긴 중요한 사건들인데 이때쯤인지 확실히는 모르지만 증산은 24절기에 맞추어 24명의 수제자를 만들었다고 전해진다. 이 제자들은 여러 지역에서 뽑은 사람들인데 정읍, 고부, 부안, 순창, 전주 등 대부분 전라북도에 몰려 있었다. 이 사람들 가운데에는 동학을 신봉하는 사람이 많았다. 그러니까 동학교도들과 신자가 겹치는 것이다.

당시 전라(북)도는 영성이 넘치는 지역이었던 모양이다. 바로 이 사람들이 만든 판이 이른바 전라북도의 도판이 되는 것이다. 나중에 소태산의 제자 정산을 볼 때 확실하게 거론되겠지만, 당시에 정치적으로는 전라도가 경상도에 밀렸는지 모르지만 종교(영성)적으로는 경상도보다 상수(上手)라는 풍문이 있었다. 나라(대한제국)는 멸망을 향해 한 걸음 한 걸음 나아가고 있는데 민중들은 새 세상을 열겠다고 신종교 운동에 이렇게 열심인 게 믿기지 않는다.

증산은 이 제자들을 데리고 다니면서 집단 수련도 하고 천지공사도 했다. 그러던 중 증산은 중대한 사건을 맞이한다. 이것은 그의 죽음을 앞당길 뿐만 아니라 자신을 중심으로 형성된 작은 종교 공동체가 붕괴되는 결정적인 사건이었다.

차경석을 만난 그해 12월에 증산은 제자 20여 명과 천지공사를 하다 의병을 모의한다는 의심을 받고 고부 경찰에 체포된다. 이때 앞에서 잠깐 본 것처럼 제자들로 하여금 담뱃대를 거꾸로 들고 왔다 갔다 한 게 의병 훈련을 하는 것처럼 보였던 모양이다. 제자들은 15일 만에 석방되었지만 증산은 40여

일 동안 잡혀 있으면서 큰 고초를 겪는다. 더 큰 시련은 증산이 출소한 뒤에 기다리고 있었다. 제자들이 증산을 불신하기 시작한 것이다. 그도 그럴 수 있는 것이 경찰서에 끌려간 증산이 너무나도 무력한 모습을 보였기 때문이다. 상제로서 천지의 틀을 뜯어 고쳐 새로운 세상을 열 수 있는 권능을 가졌다는 사람이 그까짓 지방 경찰에 잡혀 아무 짓도 못하고 당하고만 있었으니 제자들이 증산에게 실망하는 것은 당연한 일이었을 것이다.

이 사건 뒤로 증산을 대놓고 비난하는 제자도 있었고 실망하여 증산 곁을 떠나는 제자도 있었다. 게다가 경찰도 증산에 대한 감시의 눈을 소홀히 하지 않았다. 그래서 이 사건 뒤로 증산의 활동은 계속해서 위축되었는데, 그 기간도 그리 길지 않았다. 1909년 6월 증산이 별 가르침 남기지 않고 황망하게 타계했기 때문이다. 굳이 남긴 게 있다면 인류가 직면하게 될 괴질 하나만 남겼다고 그는 전했다. 웬만한 질병은 다 없앴는데 이 괴질은 자신이 없앨 수 없었다고 하면서 말이다. 그러면서 그 병을 고칠 수 있는 의통도 제자들에게 전수했다고 했는데 이에 대해서는 제대로 알려진 것이 없다. 어떻든 타계할 당시 이미 많은 제자들이 그를 떠난 상태였기 때문에 김형렬과 차경석 같은 가장 가까운 제자 몇 사람만이 그의 임종을 지키게 된다. 그렇게 증산과 그의 가르침은 끝나는 것 같았다.

증산 사후 초기 사건들에 대해

우리가 이 책에서 보고자 했던 것은 한말 신종교의 교주들이 어떤 도판을 형성했는가에 대한 것이었다. 따라서 그들이 타계한 다음에 제자들 사이에서 생겨나는 복잡한 분파 과정이나 교단의 변천 과정은 처음부터 우리의 관심사가 아니었다. 그럼에도 불구하고 증산 사후에 일어난 사건들을 살피려하는 까닭은 이것들이 앞으로 보게 될 원불교와 직접적으로 연관되기 때문이다.

증산이 가르침을 펴던 초기의 역사가 동학과 맞물려 있었듯이 원불교의 초기 역사는 증산 측 인사들과 맞물려 있다. 도판들끼리 상호연관성이 높은 것이다. 그러나 증산교파들이든 원불교든 곧 독자적으로 발전해 나아가기 때문에 우리는 초기의 연관성만 보면 될 듯하다.

증산이 황망하게 세상을 떠나자 뿔뿔이 흩어진 제자들도 적지 않았지만 증산을 굳게 믿고 있었던 제자들은 증산이 말한 것처럼 그가 다시 세상에 올 것이라고 믿었던 모양이다. 그들의 믿음에 의하면 증산은 단지 선계(仙界)로 되돌아 간 것이고 개벽이 시작하는 때가 되면 다시 지상으로 강림해 자신들을 보호해 줄 것이라는 것이다. 특히 개벽 시대가 열리기 직전에 있을 것이라던 괴질이 창궐하기 시작할 때 증산이 재림하여 자신들을 살려 줄 것이라고 믿고 있었다. 그러나 이들이 정식으로 교단을 만들어 활동했던 것은 아니었다. 증산교파 역사에서 최초의 교단이 나오게 된 것은 증산이 타계한 지 2년 뒤의 일이다.

증산이 죽은 지 2년이 지날 때까지 고씨 부인(고수부)은 차경석의 집에 의탁하고 있었다고 한다. 두 사람은 사촌지간이고 차경석의 주선으로 고씨가 증산의 부인이 된 것이니 차경석도 나름대로 책임을 느꼈을는지도 모른다. 아마 그때까지 차경석은 증산을 스승으로 모시고 있었던 모양이다.

그러던 중 1911년 9월 금산사에서 증산의 생일을 맞아 탄신을 기념하는 치성을 드리던 고씨 부인이 이상한 행동을 하더니 증산의 언행을 그대로 흉내 내었다고 한다. 그러면서 자기에게 증산이 성령이 접응되었다고 주장했다. 그 이후로 고씨 부인은 증산처럼 말과 행동을 하는 적이 있었는데, 그러자 흩어져 있던 증산의 제자들이 모여들었다. 그들은 증산이 돌아온 것으로 생각했던지 다시 같이 모여 주문 수련을 시작했다. 이렇게 모여 수련을 했건만 공식적으로 교단을 형성한 것은 아니었다. 그러나 주위에서는 이들이 태을주를 외우면서 수련하는 것을 보고 태을교(太乙敎)라 불렀다. 이 일이 생긴 게 1914년 정도의 일이라고 한다. 이것이 증산교파 역사에서 최초로 생긴 교단에 관한 이야기이다.

그런데 이처럼 고씨 부인이 교단의 중심이 되자 차경석은 내심 불만이 있었던 모양이다. 판은 자기가 다 깔아 놓았는데 조명은 고씨 부인이 받으니 말이다. 그래서 그는 교단의 실질적인 힘을 장악하고 일반 교도들이 고씨 부인에게 접근하는 것을 원천적으로 막았다. 그는 고씨 부인의 처소를 '예문(禮門)'이라 이름하고 자기의 허락 없이는 고씨 부인을 만나는 일을 원천 봉쇄해 버렸다. 이리하여 차경석은 실질적인 교주가 되는데, 이 일은 대체로 1917년 이전의 일로 파악된다.

차경석의 이러한 조치가 못마땅한 고씨 부인은 교인 일부를 데리고 1919년에 다른 곳으로 가 아예 태을교(일명 선도교)라는 교명을 걸고 별도의 교단을 창시한다. 이 일이 가능했던 것은 교단 안팎에서 차경석을 일제 당국에 고발하는 일이 생겨 그가 공개적으로 활동할 수 없었기 때문이었을 것이다.

1917년 가을 차경석은 교단을 떠나 잠적해서 강원도와 경상도 지역을 유력하면서 비밀리에 포교하고 있었다. 고씨 부인은 이런 틈을 타 차경석의 품에서 떠날 수 있었을 것이다. 그 뒤 차경석은 다시 돌아와서 1919년에 그 유명한 60방주(方主)를 조직한다. 항간에는 이 조직이 차경석이 앞으로 나라를 세울 때 기본 조직으로 이용하려고 만들었다고 전해진다. 각 방주 밑에 대표 1인과 6인의 임직(任職)을 선정(6임)하고 각 임 밑에는 12인의 임직(12임)을 두고 12임 밑에 다시 8임을, 8임 밑에는 15임을 선임했다. 이것은 흡사 다단계 판매 같은 조직을 연상케 하는데 이 조직이 꽉 채워지면 수십만 명은 가볍게 넘어간다. 일제기에 차경석의 보천교 신자가 몇 백만이었다고 하는 것은 이런 배경에서 나온 말이다.

여기서 이 교단에 대해서 설명을 계속할 필요는 없다. 단지 차경석이 1921년에 함양에 있는 황석산(黃石山)이라는 곳에서 고천제(告天祭)를 지내고 자신이 황제가 되려는 수순을 밟았다는 사실 정도 외에는 말이다. 그는 이를 위해 1922년에는 '보화교(普化敎)'라는 교명을 선포했을 뿐만 아니라 '시국(時國)'이라는 국호까지 제정했다. 그러다 무슨 생각이었는지 같은 해에 교명을 보천교로 바꿔 조선총독부에 등록해 인가를 얻는다. 그 뒤 차경석은 정읍 일대에 자신이 등극하게 될 궁전을 짓는 데에 전력하는데 1920년대 후반에 50여 동의 건물을 지었다고 한다.

우리의 관심을 끄는 것은 차경석이 세운 '십일전(十一殿)'이라는 중앙교당 건물이다. 십일전은 당시 조선에서 가장 큰 건물이었다고 전해지는데, 경복궁의 정전인 근정전보다 두 배나 크고 화려했다고 한다(그러나 실제로는 그런 것 같지 않다). 당시 세간에는 차경석이 십일전에서 황제로 등극할 것이라는 소문이 자자했는데 일제의 불허로 그 일은 성사되지 못한다. 이 건물을 언급하는 이유는 지금 서울 조계사에 있는 법당이 바로 이 건물이기 때문이다. 차경석 사후에 일제는 보천교 교단을 강제 해산하고 재산을 공매 처분했는데, 불교계에서 십일전을 매입하여 해체 복원했던 것이다. 생전에 증산은 차경석에게 "네가 집을 크게 지으면 너는 죽게 될 것이다"라는 말을 했다고 하는데, 스승의 말을 듣지 않아 맞이한 제자의 운명이었을까?

증산 종교 운동의 평가

이렇게 해서 증산에 관한 이야기는 대강 끝낸 것 같다. 마지막으로 드는 의문은 증산이 행한 종교 운동의 성격에 대한 것이다. 앞에서 본 것처럼 증산은 범인으로는 도저히 이해할 수 없는 일을 많이 했다. 그가 공생활을 하는 동안 가장 많이 행한 종교적인 행위는 천지공사이다. 그런데 이 행위는 도대체 무엇인가? 이 행위의 밑에는 어떤 생각이 있는 것일까?

천지공사는 한마디로 말한다면 주술적 행위인데 증산이 나름대로 의도를 가지고 어떤 제의를 행하면 그것이 바깥 세상에 영향을 준다는 것이 이 행위에 깔려 있는 생각이다. 직접적인 물리적 행위를 하지 않아도 이 제의만으로 세상일을 바꿀 수 있다는 것이다. 예를 들어 개벽 세상을 만들려면 원한을 갖고 있는 사람들을 해원(解寃)해야 한다. 이 목적을 달성하기 위해 증산은 단지 제사(천지공사)를 드리기만 하면 된다. 그러면 역사적으로 있었던 그 많은 원한이 사라진다.

이것은 흡사 무당이 굿을 통해 신도들의 문제를 풀어 주겠다는 것과 같은 것으로 이해된다. 예를 들어 남편이 바람났는데 굿을 통해 풀려는 것과 같다. 그런데 이러한 문제 해결법이 타당한 것일까? 남편의 바람기는 당사자끼리 모여 머리를 맞대고 궁리해야 어떤 식으로든 문제가 풀리는 것이지 굿을 백날 해봐야 그것이 과연 문제 해결에 도움이 될까? 전혀 도움이 되지 않는 것은 아니겠지만 결정적인 도움이 되기는 어려울 것이다.

그런데 증산은 왜 문제를 이렇게 주술적이고 신비로운 방법으로 풀려고 했을까? 그는 정말로 자신의 종교적인 행위가 새로운 유토피아 세상을 열 것이라고 확신했을까? 또 그를 따랐던 사람들도 정말로 증산이 하는 말을 전부 믿었을까? 이것은 확실히 모른다. 그러나 이 방법은 대단히 주술적이고 환상적이고 비현실적이다. 현실을 바꾸기에는 그 힘이 너무 약하다. 증산이나 그의 추종자들이 이런 것을 확실하게 알았는지 어땠는지는 잘 알 수 없지만 적어도 많은 추종자들이 이런 것을 주장하는 증산에게 실망을 가득 안고 그의 곁을 떠난 것은 확실하다. 증산도 죽을 때에 이 모든 것을 확신하고 안심한 상태에서 임종을 했다기보다는 제대로 추스르지 못하고 황망하게 떠났다는 인상이 짙다.

여기서 우리가 던질 수 있는 질문은, 증산은 왜 이렇게 주술적인 방법으로 현실을 고치려고 했느냐는 것이다. 모든 사회 운동은 어떤 맥락에서 생겨나는 것이지 아무것도 없는 공백에서 나오지 않는다. 그렇다면 증산의 종교 운동이 어떤 배경에서 생겨났는지 알아야 한다. 앞에서 우리는 증산이 자신만의 독특한 종교 운동을 시작하게 된 배경을 동학전쟁에서 찾았다. 그렇다면 그가 이 사건을 보고 무엇을 느꼈는지가 매우 중요하다. 증산은 동학교도들이 내세우는 무력적인 방법을 정면으로 반대했다. 그리고 그렇게 하면 절대로 안 된다고 주위 사람들에게 계속해서 충고했다. 여기서 우리는 증산이 물리적인 방법보다는 비물리적인 방법—그것이 주술적이든 환상에 호소하는 것이든—을 선호할 것이라는 예측을 할 수 있다.

우리는 동학전쟁을 목격한 증산이 마음속으로 무슨 생각을 했는지는 확실하게 알 수 없다. 그러나 위의 상황을 염두에 두고 그의 속생각을 어림짐작은 해볼 수 있지 않을까? 그래야 그가 자신의 종교 운동 방향을 주술적인 것으로 잡았음을 알 수 있으리라는 생각이다. 그가 동학전쟁 때 뼈저리게 느낀 것은 종교적인 일은 결코 무력을 사용해서는 안 된다는 것 아니었을까? 게다가 일본의 한참 앞선 무력에 의해 동학교도들이 무참하게 궤멸당하는 것을 보고 무력으로는 더더군다나 하고자 하는 뜻을 이룰 수 없다고 생각했을 것이다. 필시 그는 일본군의 화력을 보고 좌절했으리라. 수운도 서양 군대의 대포 앞에서는 당해 낼 자가 없다고 한탄을 했는데, 이미 근대 국가 계열에 들어선 일본과 그 군대 앞에서 증산 또한 엄청난 좌절감을 느꼈을 것이다.

증산은 일본에게 대항하는 것은 어리석은 일이니 포기하라고 제자들에게 강하게 주장한 적이 있다. 왜냐하면 일본은 300년을 준비했는데 조선 사람은 석 달을, 아니 조금 더 봐주어서 3년을 제대로 준비하지 못했는데 어떻게 일본을 이기겠냐는 것이었다. 증산의 이런 주장들은 동학전쟁 때 일본군의 막강함을 몸소 경험한 뒤에 나왔을 것이다.

이럴 때 종교가들은 어떤 대안을 찾을까? 몇 가지 해결책이 있겠지만 그중에 하나는 현실을 넘어 있는 세계로 가는 것을 통해 지금의 현실을 잊는 방법이 있다. 외부에서 보면 현실도피처럼 보일지도 모르지만 내부적인 시각에서는 이 현실을 받치고 있는 근본적인 세계로 눈을 돌리는 것으로 볼 수도 있다.

백성들은 당시 오랜 전쟁으로 매우 지쳐 있었다. 게다가 동학전쟁은 국내전이 아니라 일본(그리고 중국)이 개입된 국제전이었다. 백성들은 이 국제 전쟁의 규모에 놀랐을 것이고 그 잔혹함 또한 충분히 목격했을 것이다. 이런 상황에서 그들은 어찌 할 바를 모르고 두려움과 공포에 질려 하루하루를 보냈을 것이다. 그리고 이와 같은 일진광풍이 지나간 뒤 백성들은 일종의 쉬는 시간이나 쉼터가 필요했을 것이다. 이런 백성들의 요구에 증산은 그들로 하여금 현실에서 눈을 돌리게 하고 다른 현실 속에서 위안을 찾도록 한 것 아닐까 하는 생각이다. 이럴 때에는 주술적이거나 환상적인 방법이 제격이다. 사람들은 증산의 말에 따라 주술적인 사고를 하면서 여유를 되찾고 무너진 일상을 재정비하며 다시금 삶을 꾸려나가기 위한 힘을 얻었으리라. 그런 의미에서 주술적이거나 환상을 좇는 삶이 비효율적인 것만은 아니라 할 수 있다.

이렇게 추단해 볼 수 있는 것은 이런 일이 한국에서만 일어난 것이 아니라 다른 제3세계 국가에서도 있었기 때문이다. 대표적인 예로 북미 인디언들이 행한 종교적 제의 가운데 백인들을 상대하는 과정에서 배출해 낸 유령의 춤(ghost dance) 운동이나 페이요트 제의(peyote cult) 등을 들 수 있다. 이 종교적 제의가 발생하고 발전하는 데에는 복잡한 과정이 있지만 여기서는 대폭 생략하기로 하고 이러한 종교 운동이 일어나게 된 배경만 간단하게 보자.

북미, 그것도 미국으로 국한해서 보면 초기 미국사(史)는 원주민인 인디언들이 백인들에게 계속해서 밀려나면서 빼앗기는 과정으로 보면 되지 않을까 싶다. 영토 문제로 백인과 대립하게 된 인디언들은 초기에는 백인들과 무력 충돌을 했다. 그래서 간혹 큰 승리도 했다.■ 그러나 막강한 백인들의 화력과 자신들의 물자 부족 때문에 인디언들은 결국 백인들에게 굴복한다. 그러니 인디언들은 크게 좌절할 수밖에 없었다. 무슨 수를 써도 도저히 백인들을 당해 낼 수가 없었던 것이다.

인디언들의 이러한 좌절과 절망 속에서 나온 것이 바로 페이요트 제의 같은 종교 의례들이다. 이 의례들의 가장 큰 특징은 격렬한 춤이나 페이요트(선인장의 일종으로 마취성 물질을 함유함)로 만든 환각제를 통해 망아경 속에 빠져 환상을 체험하는 것이다. 특히 인디언 부족의 무당들은 망아경 속에서 영계에 있는 자신들의 선조(의 영혼)들을 만나 특별한 계시를 받는다. 계시의 주된 내용은 이제 곧 자신(선조)들이 지상에 내려가 백인들을 다 쓸어버리고 인디언들만 살 수 있는 지상낙원

■ 1876년 미국 몬태나 주 리틀빅혼에서 있었던 전투에서 미국의 커스터 장군이 이끄는 부대를 인디언 용사들이 무찌른 것은 유명한 사건이다.

을 만들 것이라는 것이다. 이때 선조들이 지상에 오면서 백인들만 갖고 있는 무기나 문명 도구를 가져온다고 믿기도 했다. 이런 메시지를 받으면 인디언들은 신이 나서 더욱 과격하게 춤을 추고 환상 속으로 더 빠져든다.

인디언들이 이처럼 말도 안 되는 유치한 환상 속에 빠져드는 이유는 무엇이었을까? 죽은 조상들이 백인들의 물품을 가져와 백인들을 다 죽일 거라는, 유치하기 이를 데 없는 망상을 왜 했을까? 그것도 육체를 가진 존재도 아니고 조상들이 영의 형태로 나타나 멀쩡하게 육신을 갖고 있는 백인들을 다 없애 버릴 거라는 생각이 어떻게 가능했을까?

이것은 이들의 환상이 망상에 가까울수록 그들의 현실적인 좌절이 크다는 것을 의미한다. 백인들이 난공불락이니 자기들의 인력으로는 어떻게 해볼 도리가 없다는 것을 처절하게 깨달은 것이다. 그러나 그들도 어떤 형태로든 현실을 타개하고 살아야 한다. 육신에 생명이 붙어 있는 한 어떤 형태로든 스스로를 추슬러야 한다. 이럴 때 인간이 하는 가장 보편적인 방법은 환상(혹은 망상)으로 '도피'하는 것이다. 현실적으로 문제를 푸는 것은 아니지만 이렇게라도 자신을 달래고 위로해야 한다. 조상들이 실제로 올지도 모른다는 희망이 있으니 현실이 아무리 힘들어도 어느 정도는 참고 살아갈 수 있는 것이다. 환상으로라도 자위해야 했던 것이다.

증산의 경우도 이와 비슷한 상황 아닐까 하는 생각이다. 당시에 조선인들이 모두 뭉쳐 일본군에 대항했건만 속절없이 패했고 앞으로도 일본을 이길 가망은 보이지 않았을 게다. 당시 조선이라는 나라는 서서히 일본의 속국이 되어 가고 있었으니 그렇게 생각할 수밖에 없었을 것이다. 실제로 증산이 죽고 1년 뒤에 조선이 식민지로 전락했으니 당시 한국인들이 느꼈을 좌절을 알 만하겠다.

이런 상황에서 한국인들이 살아 나갈 수 있는 방법은 증산처럼 초자연적인 세계로부터 위안을 얻는 것 아니었을까? 그렇기 때문에 신명을 부리고 주문 수련을 해서 개벽 세상을 오게 한다는 다소 유치하게 보일 수 있는 생각들을 믿을 수 있었던 것 아닐까. 이것은 그 외의 대안이 없기 때문이었을 것이다.

그런데 한반도에는 증산 뒤로 또 불세출의 종교 영웅이 나타난다. 증산보다 20년 늦게 태어난 원불교의 소태산이 그다. 소태산은 초기에는 증산으로부터 영향을 받지만 나중에는 증산과는 판연히 다른 가르침을 설파한다. 한국은 소태산이 깨달음을 얻으면서 이전과는 또 다른 신종교를 경험하게 된다. 이제 우리는 소태산과 그의 제자 정산을 만나러 간다.

소태산 少太山
1891~1943

정산 鼎山
1900~1962

장면 4

한국형 불교의 창시자

소태산과 제자 정산이야기

이제 한국 신종교의 여러 산맥 중 마지막 주자인 원불교의 소태산과 정산까지 왔다. 이들에 대해서는 앞서 살펴보았던 종교가들에 비해 자료가 많기 때문에 상대적으로 쓸 이야기가 많다. 교단이 제대로 안착이 되어 후손들이 자료 수집에 신경을 쓴 결과일 것이다.

앞에서 보았듯이 초창기의 원불교는 자신들의 스승격인 동학과 증산교로부터 많은 영향을 받는다. 그런데 이해가 잘 안 되는 사람이 소태산이다. 결정적으로 그가 어떤 사람에게서 영향 받았는지가 밝혀지지 않았기 때문이다. 원불교에 대한 자료는 많건만 교단에서는 소태산이 완전히 스스로의 힘으로만 깨달았다고 전한다. 그에게는 어떤 스승도 없었다고 전해진다. 이에 비해 정산은 어디서 또 누구 밑에서 수도를 했는가가 상당히 자세하게 알려져 있어 그 도맥을 쉽게 확인할 수 있다.

소태산 이야기

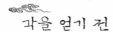
각을 얻기 전

소태산 박중빈은 비록 전북 영광의 궁벽한 산촌에서 태어났지만 그의 집안은 가난하지는 않았던 모양이다. 농부였던 그의 아버지는 동네 부자의 전답을 관리하는 일을 하고 있어 먹고사는 데에는 지장이 없었다고 하니 말이다.

소태산의 어머니는 첫째부인이 아니었지만 소태산이 성장하는 데 문제가 됐던 적은 없었다. 그리고 그는 배다른 동기들하고도 사이가 좋았다고 전해진다. 배다른 형들도 소태산이 각을 얻은 후 그를 도왔고 같은 배에서 나온 누나 역시 원불교에 귀의했으며 그녀의 아들도 원불교로 출가했다. 대개 성인들은 어딘가 문제가 있는 결손 가정 같은 데에서 성장하는 경우가 많은데 소태산의 집안은 평범했던 터라 되려 이상하다.

소태산의 어린 시절에 대해서도 적지 않은 이야기가 전해지는데 수운이나 증산과는 달리 꽤 신빙성이 있는 이야기들이 많다. 우리가 흥미롭게 생각하는 것은 그가 일곱 살 때 이미 자연 현상에 대해 의문을 가졌다는 것이다. 그는 "하늘은 얼마나 높고 큰 것인지" 혹은 "저렇게 깨끗한 하늘에서 바람과 구름은 어떻게 해서 생기는지" 등과 같은 질문을 심각하게 던졌다고 한다. 엄마한테 어리광이나 부릴 어린 나이에 어떻게 이런 고민을 했을까? 게다가 소태산은 고민의 답을 찾기 위해 열한 살 때부터는 직접 담대한 실행을 한다. 그 어린 나이에 산신령에게 답을 얻겠다고 산에 가서 기도를 시작한 것이다.

기록에 따르면 어린 소태산은 5년 동안 하루도 빠지지 않고 기도를 했다고 하는데 이것이 사실이라면 소태산은 실로 요해될 수 없는 불측지인(不測之人)이라 할 수 있다. 초등학생이 매일 산에 가서 기도를 한다는 게 어디 가당키나 한 일일까? 더군다나 그 기도의 목적이 물질적인 것을 얻기 위함이 아니라 나름대로 궁극적인 문제에 대한 해답을 얻기 위함이라니 더욱 대단하다는 것이다. 하기야 큰 교단을 세우는 일은 아무나 할 수 있는 것이 아니니 그런 일을 한 사람은 어릴 때부터 다르긴 다를 게다. 소태산의 이런 면모에서 우리는 그가 앞으로 스승을 만나지 않아도 홀로 수도를 할 수 있는 깜냥이 되는 사람이라는 것을 짐작할 수 있겠다.

기도를 하던 어느 날 소태산은 이 모든 게 부질없음을 깨닫는다. 그의 나이 열여섯 살 때의 일이다. 기록에는 그가 그렇게 열심히 산신령에게 간구했건만 아무 대답이 없는 것을 보면 산신령이 없는 것이라고 결론 내렸다고만 전하고 있을 뿐 더 자세한 이야기는 없다. 그가 산신령을 단념한 것은 세상에는 이인(異人)이나 도사가 있다는 소식을 접했기 때문일 것이다. 그는 어떤 사람이 『조웅전(趙雄傳)』이라는 중국의 고소설을 읽는 것을 들었는데 거기에 도인이 나온 것을 보고 자신도 이런 사람들을 찾기로 한다. 그런 도인이라면 자신이 찾고자 하는 답을 줄 수 있으리라 생각한 것이다. 그래서 주위에서 만나는 사람 가운데 이인처럼 보이는 사람들을 집에 초치해 가르침을 받곤 했다. 그러나 그의 기대에 미치는 사람은 하나도 없었다.

소태산이 이때 겪었던 일 가운데 가장 대표적인 것은 다음과 같은 일이다. 한번은 신장(神將)을 부릴 수 있다는 기인을 집으로 모셔 왔다. 이 도인은 자신에게서 도술을 배우려면 우선 소 한 마리를 바치라고 요구했다. 그러나 호락호락할 소태산이 아니다. 소태산은 먼저 신장만이라도 보여주면 그리 하겠노라 약속한다. 도인은 소태산의 집에 머물면서 며칠 밤 주문을 외웠건만 약속한 신장은 나타나지 않았다. 그러자 이 사람은 밤에 몰래 도주하고 만다.

이런 식으로 소태산은 이인을 찾아 나섰는데 여기서 의문이 생기는 부분이 있다. 경전에 따르면 이때 소태산은 그저 그런 이인들만 만났지 기성 종파에 속한 종교인들은 만나지 않았다. 그러니까 불교의 승려를 만났다거나 아니면 동학이나 증산교과 사람들을 만나 소태산이 품은 문제를 가지고 질의 응답을 했다는 기록이 없다는 것이다.

그런데 이것은 조금 이상하지 않은가? 소태산의 주변에는 분명 많은 기성 종교인들이 있었다. 그것은 그의 최초 제자들을 보면 금세 알 수 있다. 나중에 다시 보겠지만 그의 초기 제자들 중에서 반은 동학과 증산교과에 속한 사람들이었다. 그것은 그의 주변에는 이런 교과의 교도들이 많았다는 것을 의미한다. 그렇다면 궁극적인 문제에 의문을 가진 소태산은 이런 사람들과 대화를 하고 질문을 던졌을 가능성이 충분히 있다. 그러면 이 사람들은 소태산에게 자기 종파의 경전을 소개해 줄 수도 있었을 테고 교단 내에서 도가 더 높은 사람에게 소태산을 인도할 수도 있었을 것이다. 만일 소태산이 정말로 그런 문제에 관심이 있었다면 적어도 근처에 있는 절에 가서 승려들과 대화를 하든지 불교 경전을 가져다 읽는 일은 할 수 있지 않았을까 하는 생각이다.

그럼에도 불구하고 경전에 따르면 소태산은 기성 종파의 그 어느 누구와도 교류가 없었으며 어떤 경전도 보지 않았다고 한다. 그는 깨친 다음에 자신의 깨달음을 점검하고자 기성 종교의 경전을 처음으로 읽었단다. 그런데 이게 가능한 일일까? 자기가 답답하면 여러 책들을 보는 것이 당연할 터인데 왜 소태산은 구도할 때 책이나 경전들을 하나도 보지 않았다고 하는 것일까?

예를 들어보자. 기록에 의하면 소태산은 깨치고 난 1년 뒤에 불교 경전을 보았다고 한다. 제자로 하여금 인근에 있는 불갑사에 가서 『금강경』을 가져오라 해서 처음으로 읽었다는 것이다. 그리곤 자신의 깨달음이 붓다의 그것과 같은 것이라는 확인을 했단다. 그런데 불갑사가 이렇게 가까운 데에 있고 『금강경』도 쉽게 접할 수 있었다면 왜 수도할 때에는 불갑사에 한 번도 가지 않았던 것일까? 소태산이 정말로 답답했다면 불갑사를 찾아가 승려들과 대화를 나눌 수도 있고 경전을 공부하거나 참선을 할 수도 있었을 텐데 그런 일은 전혀 없었던 것으로 알려져 있다.

혹시 이것은 자신들이 속해 있는 종단의 교주가 다른 사람(스승)에게 배웠다고 한다면 조금 '꿀리는' 것 같으니까 그런 사실이 있어도 애써 무시한 때문은 아닐까? 이것은 수운이나 증산도 마찬가지이다. 그들에게서도 좀처럼 누구에게 배웠다는 이야기가 정확하게 나오지 않는다. 이것은 그들을 따르는 추종자들이 우리 스승은 처음부터 혼자 깨달을 수 있는 능력을 갖고 태어났다고 항변하는 것 같다.

그러나 소태산이 깨달음을 얻은 직후에는 증산교파 사람들과 긴밀히 연락하고 있는 모습이 포착된다. 이것은 그가 그전에도 증산교파 사람들과 모종의 연계가 있었을 가능성을 시사해 준다. 그렇지 않았다면 그렇게 쉽게 증산교파 사람들과 연락을 주고받기가 힘들었을 것이다.

이것은 나중에 다시 보기로 하고 다시 우리의 주제로 돌아가자. 어떻든 이인을 만나서 깨달음을 얻으려고 했던 시도가 수포로 돌아가자 소태산은 바깥으로 추구하는 시도를 끝내고 자신의 내면으로 침잠하게 된다. 이때에 그는 한 생각에만 사로잡혀 있었다. 즉 "장차 이 일을 어찌 할꼬"라는 화두에만 집중했던 것이다. 이제 그는 마지막 의문에 걸려 대각성을 앞두고 있었다. 당시 그는 하루 종일 한곳에 서서 입정(명상)의

상태로 있던 적도 있었고 밥숟가락을 들다 정(定)에 들어 그대로 정지한 채로 있기도 하는 등 모든 것을 잊는 정도가 갈수록 깊어만 갔다.

이때 소태산은 그 몰골이 말이 아니었던 모양이다. 전승에 따르면 배 안에는 크고 딱딱한 울혈이 있었고 머리는 산발을 하고 온몸에는 종기가 나 고름이 넘치고 부스럼 딱지가 전신을 덮었다고 한다. 심지어 부스럼 딱지가 하루에 한 바가지씩 나왔다는 이야기도 전해진다. 수행을 너무 심하게 하다 보니 기침이 그치지 않는 해수병에 걸렸는가 하면 제대로 먹지 못해 영양 결핍에 걸리는 등 그는 주위에서 거의 '문둥병자' 취급을 받았다고 한다.

이처럼 보고된 소태산의 모습은 모두 믿을 만하다. 수행이 심해지면 이런 현상이 나타나기 때문이다. 이런 점에서 소태산은 증산과 강한 대조를 이룬다. 앞에서 본 것처럼 증산은 각을 이루는 과정이 구체적으로 묘사된 바가 없다. 그냥 절에 들어가서 9일 만에 대각을 이루었다고 할 뿐, 소태산과 비교해 보면 어떻게 그렇게 빠른 시간에 대각을 이루었다고 하는 것인지 이해가 되지 않는다.

상식적으로 생각해 보면 소태산의 깨달음 과정이 일반적인 경우에 속한다. 예를 들어 붓다도 6년 동안 고행한 끝에 대각을 했고 다른 성인들도 대동소이한 과정을 거쳐 최고의 종교적 경지에 도달하지 않았던가? 그런 면에서 증산의 경우는 석연치 않은 면이 있는 것 같다.

각을 얻은 뒤

1916년 4월 28일 새벽 스물여섯 살의 소태산은 드디어 자신이 각을 얻은 것을 알게 된다. 그 과정에 많은 이야기가 있고 소태산의 상태에서 대해서도 자세한 묘사가 있지만 모두 생략하기로 한다. 다만 원불교 교전에 따르면 소태산은 새벽녘 은연중에 지혜가 밝아져 본인이 깨쳤다는 것을 알게 되었다고 알려져 있다. 그때 오도송(悟道頌), 즉 자신의 깨달음을 나타내기 위해 시를 지었는데 "맑은 바람이 불고 달이 뜰 때 만물이 자연히 밝아진다(淸風月上時 萬像自然明)"가 그것이다. 그런데 이 이야기는 너무 밋밋하다. 그래도 성인의 대각인데 그냥 어느 날 갑자기 지혜가 열렸다고 하는 것은 단순하다는 느낌을 지울 수가 없다. 이렇게 경전을 편집한 데에는 제자들의 어떤 의도가 있을 텐데 그것까지 살펴볼 필요는 없을 것 같다.

한편 교단의 초기 기록■에는 같은 내용에 대해 조금 다른 것을 전하고 있다. 여기에는 소태산이 깨닫는 그날 주위에서 동학의 경전과 『주역』을 읽는 소리를 듣고 마음이 밝아져 그 때까지 가졌던 모든 의심이 풀렸다고 기록되어 있다. 이것은 아마 교단 내에 구전되어 내려오는 이야기를 적은 것이리라.

나는 이 묘사가 더 사실에 가까울 것으로 생각한다. 원불교 경전에 나와 있는 것처럼 그냥 새벽에 갑자기 지혜가 밝아졌다고 하는 것보다는 어떤 계기가 있어서 깨달음을 얻었다는 것이 더 설득력이 있기 때문이다. 불교의 선종사를 보아도 거의 모든 선사들이 일정한 계기를 통해서 깨달음을 얻는다. 예컨대 스승으로부터 일정한 신호를 받았다든지, 혹은 돌이 떨어지는 소리를 들었다든지, 하다못해 경전을 보다가 깨달음을 얻었다고 하지 선승이 혼자 가만있다가 느닷없이 깨달았다는 이야기는 거의 발견되지 않는다.

그런데 이 이야기에서 놓치면 안 되는 점은 소태산의 주위

■ 원불교의 초기 교단사는 박용덕 교무가 정리한 다섯 권을 의미한다. 각 권은 각기 다른 제목으로 되어 있는데 경전에는 미처 나와 있지 않은 많은 이야기가 수록되어 있어 원불교 연구에는 필수적인 자료로 간주된다.

에는 항상 동학교도나 한학을 하는 사람들이 있었다는 것이다. 그렇지 않고서야 이런 사건은 체험할 수 없다. 이런 각도에서 보면 그는 아마도 이전에 동학교도들과 친분이 많았을 것이고 동학 경전도 보았을 것이다. 아울러 전통적인 한학을 한 사람과도 가까웠으리라는 것은 당연하겠다. 그 역시 서당에서 한문을 배웠기 때문에 주변에는 교양으로 한문을 하는 사람이 많았을 것이다.

내가 이렇게 말하는 이유는 원불교 경전에서 말하는 것처럼 소태산이 다른 종교와는 아무 접촉이 없이 순전히 자기독자적인 지력으로 각을 얻었다는 것은 아무래도 개연성이 떨어지는 주장이라고 말하고 싶기 때문이다. 이 점은 깨달음 직후에 그가 한 행위를 통해서도 추측해 볼 수 있다. 그전에 먼저, 잠정적인 결론으로 말할 수 있는 것은, 소태산 주위에는 경전에서 말하는 것처럼 기성 종교인들이 없었던 게 아니라는 것과, 그가 무종교적인 분위기에서 수련한 게 아니라 한학자들이나 동학, 증산교파 등 많은 종교인들 사이에서 생활했다는 것이다.

그 다음 이야기는 소태산이 각을 얻은 뒤에 관한 것이다. 여기에는 두 가지 전승이 있다. 우선 교단이 공식적으로 설정한 이야기를 들어보자. 소태산이 깨달음을 얻은 뒤 가장 먼저 한 일은 세수를 하고 몸 매무새를 가다듬는 것이었다. 그 다음에는 자신이 깨달은 것이 도대체 어떤 것인가를 검증하기 위해 기존 종교의 경전들을 읽어 보았단다. 그가 읽은 경전에는 유교 경전은 말할 것도 없고 도교나 기독교 경전도 포함되어 있었다.

소태산이 불교 경전을 접한 것은 앞에서도 잠시 보았던 것처럼 깨치고 난 그 다음 해의 일이었다. 『금강경』을 읽어 보고 그는 자신의 깨달음과 붓다의 깨달음이 같은 것임을 알게 되었다. 그리고 앞으로는 붓다를 연원으로 해서 자신의 가르침을 펼 것이라고 주장했다고 한다. 그러나 이렇게 진행되지는 않았을 것이라는 게 필자의 소견이라고 앞에서 밝혔다. 그런데 마침 교단 내부에는 이때의 상황에 대해 전혀 다른 전승이 있다.

이 전승에 따르면 소태산은 각을 얻은 직후 매우 고독했다고 한다(그러나 깨달은 사람이 느끼는 고독감은 뭇 인간들이 느끼는 고독감과 아주 다르다). 혼자만 아는 깨달음이었으니 주위에서 잘 인정을 해주지 않은 모양이다. 그래서 소태산은 그 지역에서 인기가 있었던 증산교파(정확히 말하면 태을도) 식의 치성을 드린다. 그렇게 해서 일단 사람들의 주목을 끌어 제자로 만든 뒤 나중에 자신이 깨달은 진리를 가지고 제대로 가르치면 된다고 생각했다는 것이다. 그래서 소태산은 증산교인 가운데 이른바 개안을 했다는 사람을 초치해 치성을 드렸다는 기록이 있다. 이것을 소태산의 장녀도 정확하게 기억하고 있었다고 한다. 그녀는 "찬물에 목욕하고 주문(태을주)을 외우며 네 번 절을 했다"라고 증언했다. 이때 치성을 주도적으로 했던 사람은 소태산의 의형이면서 증산교파에 있었던 제자 김성섭과 동학교도이면서 소태산의 외삼촌인 유성국이었다고 한다(그의 외삼촌도 동학교도였다!).

어쨌든 이 의례 이후에 소태산은 '증산과 영이 통해 개안을 했다'고 소문이 나 곧 40여 명이나 되는 제자를 얻었다고 한다. 그리고 자신의 말은 '천제(天帝)의 말씀'이라는 표현을 썼다고 하는데, 이것 역시 자신을 상제로 지칭한 증산을 연상하게 하는 발언이 아닐까 싶다.

그 다음으로 소태산이 했던 일은 친분과 혈연을 중심으로 고제(高弟) 여덟 명을 뽑는 일이었다. 이것은 교단 조직을 10인 1단으로 한 것인데, 열 사람은 각각 또 10인의 조직을 만들어 나가는 것이니 점조직과 같은 것이라고 보면 되겠다. 이 방법이 제대로만 된다면 교인들의 수는 엄청나게 늘어날 수 있다. 고제가 여덟 명에 그친 것은 아직 수제자인 정산이 합류하지 않았기 때문이다.

그런데 소태산의 고제 아홉 명의 면모를 보면 앞에서도 말했듯이 반이 동학이나 증산교파의 가르침을 열심히 따르던 사람들이었다. 여기서도 소태산이 무종교인 사이에서 수련한 것이 아니라는 사실이 부각된다. 그리고 다시 한 번 거론하지만 이 전라도의 궁벽한 촌에 신종교를 따르는 사람이 이렇게 많이 있었다는 게 자못 신기하기만 하다. 독자들은 아마도 당시 이렇게 많은 민중들이 동학이나 증산교파 등을 신봉하면서 살았으리라고는 생각하지 못할 것이다.

초기 원불교에서 보이는 증산의 영향

소태산의 종교 의례 방식과 교단 조직 방식을 두고 증산교 연구자들은 조금 다른 견해를 표방했다.■ 그들에 따르면 소태산이 지낸 의례는 그가 교화의 한 방편으로 이용한 것이 아

■ 김탁, 「증산교와 원불교의 만남」, 『증산교학』(미래향문화, 1992).

니라 증산교인이 되는 입도식이라는 것이다. 그래서 이 의례 후에 소태산이 '천제의 말씀'이라는 증산교 식의 표현을 했다는 것이다. 그리고 10인 1단의 조직도 증산교파에서 이용하고 있던 조직 방법이라는 것이다. 실제로 차경석이 세운 보천교에서는 후에 이러한 조직 방법이 사용된다. 이러한 주장이 사실인지 아닌지는 확실히 알 수 없다. 그러나 당시 소태산이 증산교인이나 그들의 가르침에 대단히 기울어져 있었던 것은 사실인 것 같다.

대부분의 원불교인들은 소태산이 깨달음을 전후한 시기에 다른 종교인들과는 아무 관계없이 독자적으로 깨달은 다음 바로 불교에 연원을 댔다고 믿고 있는데, 거듭 말하지만 이것은 사실이 아닐 가능성이 높다. 그보다는 그 당시에 소태산은 불교와 별다른 관계를 갖고 있지 않았다고 보는 게 맞을 것 같다. 이것은 몇몇 사실에서 알 수 있는 바, 당시에 등장하는 사람들 가운데에는 불교 관계자가 하나도 없다는 것이 가장 큰 이유라 하겠다. 불교와 관계되는 것으로는 기껏해야 금산사라는 불교 사찰이 등장하지만, 금산사는 증산과 각별한 인연■이 있는 곳이니 이마저도 불교보다는 증산교 쪽 항목으로

■ 증산의 주장에 따르면 그는 인간계에 내려올 때 우선 금산사의 미륵불

보아야 한다.

그런가 하면 그가 제일 먼저 만든 사무실 이름도 불교와는 아무 관계가 없다. 그는 제자들이 모이자 곧 방언 공사(防堰工事)를 시작했는데, 그가 제자들과 같이 만든 사무실의 이름이 아주 기이하다. 이름하여 '대명국영성소좌우통달만물건판양성소(大明局靈性巢左右通達萬物建判養成所)'라 하는데, 이 이름을 정확하게 해석할 수는 없지만 불교적인 요소는 전혀 보이지 않는다는 것은 알 수 있다. 그가 이처럼 긴 이름을 버리고 '불법연구회'라는 불교식 이름으로 교단 이름을 바꾼 것은 몇 년 뒤인 1919년 10월의 일이었다. 이때 썼던 원래의 이름은 '불법연구회 기성조합'이었고 정식으로 '불법연구회'라고 이름을 바꾼 것은 1924년의 일이었다.■ 추측건대 당시는 일제기라 불교라는 이름을 걸고 포교하는 것이 용이하고 편안해서 그렇게 교명을 바꾼 것으로 생각된다.

다음 이야기로 넘어가기 전에 조금 주제가 빗나간다고 할

에 내려와 7년을 있었다고 한다. 그때 수운에게 법을 전하고 수운이 세상을 평정해 주기를 바랐는데 그가 성공하지 못해 직접 출세하게 되었다고 주장했다.

■ '불법연구회'가 다시 오늘날의 이름인 원불교로 바뀐 것은 해방 후인 1947년의 일이다.

수도 있지만 앞에서 이야기한 방언 공사에 대해 잠시만 보기로 하자. 소태산은 여러 면에서 특이한 성자인데 그가 방언 공사를 일으킨 것도 그런 면 중에 하나라 하겠다. 그는 제자들이 조금 모이자 저축조합을 만들어 돈을 모았다. 이 저축조합의 운영도 종교적인 일과는 별 관계가 없는 것처럼 보이지만 소태산의 생각은 달랐다. 수행공동체가 자율적으로 움직이려면 저축 등을 통해 돈을 마련해야 한다고 생각했기 때문이다. 사실 외부로부터 기증을 받지 않는다면 이런 식으로 해서 공동체를 운영할 수밖에 없을 것이다. 어떻든 그렇게 해서 돈이 조금 모이자 소태산이 시작한 일이 바로 방언 공사이다. 제자들과 함께 그의 고향 앞바다에 있는 개펄 3만 평을 메워 논으로 만든 것이다.

방언 공사에 대해서도 많은 이야기들이 있지만 이 한정된 지면에서 그것을 다 말할 수 없다. 때문에 여기서는 다만 소태산이 방언 공사를 통해 이룩하려고 했던 목적의 요지만 보도록 하자. 우선 그는 이 사업을 통해 제자들을 강고하게 조직해 단결력을 기르려고 했던 것 같다. 다른 사업도 다 그럴 테지만 종교 사업은 특히나 구성원들의 단결력이 매우 필요하다. 교주를 중심으로 일사불란하게 움직여야 초기의 어려운

단계를 뚫고 나아갈 수 있기 때문이다. 소태산은 방언 공사를 통해 제자들에게 앞으로 어떤 어려운 일이 있어도 뚫고 나아갈 수 있다는 자신감을 갖게 해주려고 했던 것 같다.

그 다음은 역시 물질적인 동기를 들 수 있다. 사람은 정신으로만 살 수 없다. 육체가 있기 때문이다. 그런데 육체를 유지하고 공동체가 굴러가기 위해서는 반드시 돈이 필요하다. 원불교에는 정신과 몸을 함께 온전하게 한다는 의미에서 '영육쌍전(靈肉雙全)'이라는 교리가 있는데, 방언 사업은 바로 이 교리를 온전하게 실현한 것으로 보인다. 즉 방언 공사로 땅이 생기면 그 땅에서 적지 않은 수입이 생길 터이니 이러한 수입은 원불교 교단이 발전해 나아가는 데에 틀림없이 도움을 줄 것이다. 그리고 이와 같이 일과 수행을 같이하는 신조는 교단의 풍조를 매우 신선하게 했을 것이다.

그 다음으로 증산과 관계될 만한 사항을 보면, 소태산은 3·1 운동이 터진 그해에 만세 운동에는 참여하지 않고 제자들을 데리고 다소 생경한 일을 한다. 그의 표현대로 하면 '음부공사(陰府公事)'라는 것이 그것이다. 소태산은 자신이 이번 생에 펼친 이 일이 성공하려면 음부에서 재가(裁可), 즉 허락이 떨어져야 한다고 주장했다. 음부란 쉽게 말해 영계를 말한다. 음부에서 허락을 받아야 한다는 것은, 소태산이 상세하게 언급하지는 않았지만 그 음부에 있는 대(大) 신명들로부터 허락을 받는 것으로 이해된다. 이 일을 위해 그는 고제 아홉 명으로 하여금 산봉우리에 가서 기도를 하게 한다. 그렇게 하기를 100여 일. 그런데 그 기도가 정성이 충분하지 못해 성공하지 못했다고 하면서 소태산은 제자들과 모두 자결을 하자고 제안한다. 제자들이 모두 찬동을 하자 그 결의를 확인하기 위해 제자들로 하여금 백지에 지문을 찍게 했다. 그런데 이 지문이 혈인(血印)이 된다. 지문이 피로 찍힌 것이다. 이때 소태산은 "음부에서 판결이 났다. 우리 일은 이제 성공이다"라고 외친다. 음부의 대 신명들이 소태산의 일이 성공할 수 있도록 허락한 것이라는 것이다.

음부공사와 관련해 생각해 보면, 이것은 어떻게 보든 불교와는 아무 관계가 없는 것이다. 불교 2,500여 년 역사에서 승려들이 자신들의 일을 하면서 영계에 있는 신명들의 허락을 받기 위해 무슨 일을 했다는 이야기는 들어본 적이 없다. 오히려 승려들은 그런 신명들보다 자신들이 더 우위에 있다고 믿고 있다.■ 쉽게 설명해서 승려들이 무슨 일을 할 때 신명들

■ 한국 승려들이 예불을 할 때 마지막 순서로 화엄신장(華嚴神將) 같은

의 허락을 구하는 것은 어른이 아이들에게 허락을 구하는 것과 같다는 것이다.

이에 비해 소태산이 신명의 허락을 구한 것은 증산교의 세계관을 떠올리기에 충분하다. 증산은 앞에서 본 것처럼 신명계와 인간계가 긴밀하게 연결되어 있다고 생각했을 뿐만 아니라 인간계에서 일을 제대로 하려면 신명계의 힘이 동원되지 않으면 안 된다고 보았다. 그가 천지공사를 통해 신명들을 움직이고 동원해 세상을 바꾸려 했다는 것은 잘 알려진 사실 아닌가? 이런 세계관의 입장에서 소태산의 음부공사를 보면 잘 이해가 된다. 소태산은 자신이 가장 중요하게 생각하는 고제들의 단합을 신명계를 통해 검증받고 싶었던 것이다.

원불교가 증산으로부터 어떤 영향을 받았는가 하는 것은 교리 면에서도 두드러지는데 그것을 일일이 다 볼 필요는 없다. 그것에 대해 궁금한 사람은 앞에서 인용한 김탁(1992)의

신명들이 가득 있는 그림을 향해 "반야심경"을 외우는 것을 예로 들어 보자. 사람들은 이것 역시 예불의 한 순서라고 생각하기 쉬운데 사실은 그렇지 않다. 이것은 그 신장들을 경배하는 것이 아니라 승려들이 그들보다 우위의 입장에서 진리의 말씀을 베푸는 것이다. 진리의 말씀인 『반야심경』을 듣고 어서 윤회에서 벗어나라고 권유하는 것이다. 이것은 승려들이 자신들을 인천(人天), 즉 인간과 천신의 스승이라고 믿고 있기 때문에 일어난 일이다.

연구를 보면 된다. 특히 『원불교 경전』의 내용과 『대순전경』에 나온 기록을 살펴보면 그 내용이 아예 같거나 매우 비슷한 것들이 많이 나오는데 이에 대해서도 김탁의 연구를 참고하면 좋겠다. 여기서는 다만 원불교에서 가장 중요한 교리들이 증산의 가르침과 어떻게 연결되어 있는가를 보면 충분하겠다는 생각이다. 중요 교리가 그렇게 연결되어 있다면 다른 교리는 볼 필요도 없지 않을까 하는 생각 때문이다.

원불교에서 가장 중요한 교리는 뭐니뭐니 해도 인간은 천지만물에 은혜를 입고 산다고 하는 사은(四恩) 사상이다. 이때 말하는 네 가지 은혜란 '천지은(天地恩)', '부모은(父母恩)', '동포은(同胞恩)', '법률은(法律恩)'이다. 그리고 사은과 함께 원불교의 가장 중요한 교리를 이루는 것은 진리를 상징하는 일원상(一圓相)이다. 그런데 이 일원상의 내용이 바로 사은이다. 우주만물이 인간과 관계를 맺을 때 은혜를 베풀어 주는 형태로 나타난다고 믿기 때문에 이런 교리가 나온 것이다.

여기서는 원불교의 교리 자체에 대해서 논하지 않겠다. 다만 기존 불교의 입장에서 볼 때에 이 사은 사상이 생소하다는 것을 말하고 싶을 뿐이다. 전통 불교 교리에도 은혜라는 개념이 있긴 하지만 그 교리는 그다지 중요한 위치에 있지 않다. 불교에서 가장 기본이 되는 교리에 속하는 팔정도에도 은혜라는 개념이 없고 대승불교의 주요 강령인 육바라밀(六波羅蜜)에도 은혜라는 교리는 없다. 조금 양보를 해서 원불교의 사은 중에 천지은이나 부모은은 그래도 보편적인 개념이니 기성 불교에서도 그 자리를 찾을 수 있을지 모르겠지만 동포은이나 법률은은 아예 들어갈 자리가 없다.

대신에 증산의 가르침으로 가면 이야기가 완전히 달라진다. 증산의 가르침에서는 은혜라는 개념이 핵심의 위치에 있기 때문이다. 증산이 중요하게 주장한 강령 가운데에는 "밥을 반 공기만 얻어먹어도 은혜 갚을 생각을 해라"는 것이 있지 않은가?

이런 맥락에서 볼 때 증산 가르침의 핵심은 해원과 보은이라 할 수 있다. 인간이나 신명은 마음에 무엇인가 맺혀 있으면 제 능력을 발휘하지 못한다. 따라서 이것을 풀어 주어야하는데 이것이 해원이다. 이렇게 원한이 풀리고 나면 자연히그 은혜를 갚고 싶은 생각이 난다. 이게 보은 사상이다. 이처럼 증산 사상의 두 축 가운데 하나가 보은인데 이것이 원불교로 오면 아예 핵심 중앙 교리로 자리를 잡는 것이다.

이 정도만 보아도 소태산이 자신의 선배였던 증산으로부터 얼마나 많은 영향을 받았는지 알 수 있다. 그러나 사정이 그렇다고 해서 원불교가 증산교의 연장이라느니 아류라느니 하는 것은 결코 아니다. 어디서 기원했느냐보다는 어떻게 발전해 나아갔는가가 훨씬 더 중요하기 때문이다. 원불교는 진즉에 불교 쪽으로 방향을 잡고 나아가서 세계적인 불교 교단을 만들어 냈고 현재로서는 그것이 가장 중요한 사실이다.

여기서 중점적으로 보고자 하는 것은 우리가 서로 다른 종교 운동으로 생각했던 한국의 신종교 운동들이 사실은 이렇게 서로 실타래처럼 엮여서 출현했다는 것이다. 어떤 종교든 하늘에서 완성된 상태로 떨어지는 것은 없다. 전임자로부터 영향을 받고 또 나름대로 발전을 하면서 하나의 독립된 종교 교단으로 발전해 나아가는 것이다.

이제 우리는 마지막 한 사람을 남겨 놓고 있다. 소태산의 제자이자 원불교의 2대 종법사인 정산이 그 사람인데, 정산은 종교 교류의 면에서 앞의 여러 선배들과 매우 다른 양상을 보이고 있다. 수운부터 소태산까지는 그들보다 앞에 있었던 종교들과 얽힌 전모가 확실하게 드러나 있지 않은 데에 비해 정산은 아주 확실하게 드러나 있기 때문이다. 예를 들어 증산이 동학교도였는지 확실하지 않고 소태산이 증산교도였는지 확실하지 않지만 정산은 확실하게 증산 쪽 인사들과 매우 밀접한 교류가 있었다. 이제부터 만나 볼 정산이야말로 한말이나 일제 초기에 한반도에 살던 종교인들이 어떻게 진리를 파지하려고 노력했는지 알 수 있게 해주는 좋은 예가 될 것이다.

정산 이야기

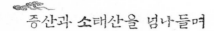

증산과 소태산을 넘나들며

지금까지 본 종교가들 가운데에는 정산에 대한 내용이 제일 풍부할 것이다. 왜냐면 그에 대해서는 자료가 많기 때문이다. 게다가 그는 1대 교주가 아니기 때문에 있는 그대로 써도 그리 문제될 게 없다. 1대 교주 같은 경우에는 그의 가르침이 독자적이라는 것을 보여주기 위해 다른 종교가와 교류한 것이나 영향 받은 것을 애써 감추려는 경향이 있지만 그 이후의 교주들은 그런 제약에서 벗어날 수 있다. 정산이 그 대표적인 경우이다. 원불교 교단은 소태산이 증산교파 쪽에 가담한 여부에 대해서는 확실하게 밝히지 않지만 정산의 경우에는 가감 없이 있는 그대로 보여준다. 그래서 당시에 한반도 남부에서 한국인들이 진리를 찾기 위해 어떻게 활동했는가를 비교적 수월하게 알 수 있다.

정산은 원불교에서 소태산 다음으로 중요한 사람이지만 교단을 반석 위에 올려놓았다는 의미에서는 가장 중요한 사람이 될 수도 있다. 원불교라는 교명을 처음으로 만든 사람이

바로 정산이고 교단 학교인 원광대학교를 세운 사람도 정산
이다.

앞서 보았듯이 원불교는 교단이 만들어지고 곧 불법연구회
라는 이름으로 불렸다. 그런데 불법연구회라는 이름은 보통
명사이지 고유명사가 아니다. 이름을 이렇게 지극히 평범하게
지은 것은 아마도 일제의 끈질긴 감시와 회유를 벗어나기 위
함이었던 것 같다. 그저 평범한 불교 단체처럼 보여 감시의 대
상에서 멀어지고 싶었던 것 아닐까? 그렇게 있다 해방이 되자
이 교단의 독특한 색깔을 가질 수 있게 되어 원불교라는 지
극히 평범하면서도 특색이 뚜렷이 드러나는 이름을 택한 것
이리라.

원광대학도 그렇다. 1990년대 중반까지 '이리'라는 이름으
로 불렸던 익산은 아직도 교통의 요지가 아니다. 게다가 원불
교 총부가 있는 곳은 익산에서도 외곽에 속한다. 지금도 그렇
다면 1940년대 후반의 익산은 얼마나 후미진 곳이었는지 알
수 있겠다. 그런 곳에 대학을 세워 현재와 같은 훌륭한 사학
으로 발전시킨 것은 전적으로 정산의 공이라 아니할 수 없다.
그런 궁벽한 곳에 대학 건립을 추진할 수 있는 사람은 진정한
의미에서 '비저너리(visionary)'라 할 수 있다. 처음에 유일학림

(唯一學林)이라는 이름을 내걸고 방 두 칸으로 시작한 학교가 '지역 사학의 명문'인 원광대로 발전한 것은 정산의 공이 아니면 설명할 방법이 없다.

우리가 어떤 종교를 설명할 때 가장 중요한 것이 무엇일까? 바로 경전 집성이다. 세계 종교들을 보면 1대 교주가 타계하고 2대 교주가 들어서면 대부분 경전 만드는 작업에 들어가는데 원불교도 예외가 아니었다. 정산의 지휘 아래 1956년에 『원불교 교전』이라는 이름으로 경전이 나오기 때문이다.

소태산이 살아 있을 때에는 『정전(正典)』이라는 이름으로 아주 핵심적인 것만 추려 경전이 발간되었지만 소태산 사후에 종도들은 교조의 살아 있는 이야기가 필요했다. 그렇게 해서 나온 것이 『대종경(大宗經)』이었고 이것이 『정전』과 합해져 원불교의 기본 경전이 된다. 그러니까 『정전』이 원불교 교리의 요체라면 『대종경』은 소태산의 언행록이라 하겠다. 이런 과정을 거쳐 정산은 원불교를 확고한 반석 위에 올려놓는 데 성공했으며, 그때부터 원불교는 세계 종교로서 도약할 수 있는 기반을 다지게 된다.

증산을 쫓은 정산 일생의 전반기

정산은 소태산보다 9년 뒤인 1900년 경상북도 성주 지방에서 태어났다. 그의 인생은 소태산의 제자답게 소태산을 만난 후와 그 이전으로 구분할 수 있다. 정산은 자신의 인생에서 두 가지 크게 기쁜 일이 있는데 하나는 한국 땅에 태어난 것이고 다른 하나는 소태산을 만난 것이라고 했다. 그만큼 그에게는 소태산이 중요한 존재이다. 사실 이번 생에서 정산의 과업은 소태산의 제자가 되어 그가 개척한 것을 정비하여 안착할 수 있게 만드는 일이었을 것이다. 그러니 당연히 소태산이 중요한 존재일 수밖에 없었을 것이다.

그런데 뜻밖에도 정산은 소태산을 만나기 전에는 강증산의 열렬한 추종자였다. 그냥 대강 따른 정도가 아니라 정산은 사력을 다하여 증산의 도술을 재현하려고 했다. 당시 그는 증산의 도술이 도의 전부라고 생각했던 것 같다. 그러던 그가 소태산을 만나면서 180도 바뀌게 된다.

정산의 인생이 이렇게 양분되기 때문인지 그의 어린 시절 일에 대해서는 별로 알려진 게 없다. 낮은 수준의 한학을 배웠다는 것 외에는 알려진 것이 없다. 일곱 살 때 이미 천지의 운행에 대해 관심을 가졌다는 소태산의 이야기와 같은 이례적인 사건들은 전해지지 않는다. 다만 열세 살 때 결혼하고 처가 쪽 인사들을 만나면서 도에 대한 관심이 생기기 시작했다는 정도만 알려져 있다(그러나 아마 그 이전부터 정산의 내면에는 수도에 대한 열렬한 관심이 있었을 것이다).

정산의 처가 쪽에 무엇이 있었기에 그가 도를 수련하는 데에 관심을 갖게 되었는지에 대해서는 알려진 바가 거의 없다. 알려진 게 있다면 아주 소소한 것으로, 그가 수련을 하다 잘 안 되니까 막걸리를 먹고 혼났다는 이야기 정도이다. 그러다 처가 쪽 어느 인사가 도에 능하다는 소리를 듣고 그를 만나러 가야산으로 들어간다.

정산은 그곳에서 무슨 기도 의례 같은 것을 하는 사람들을 만나게 되는데, 그들은 정산에게 매우 의미심장한 말을 한다. "도를 제대로 닦으려면 상도(上道)로 가야지 하도(下道)에서는 안 된다"는 것이다. 여기서 말하는 상도란 전라도를 뜻하고 하도는 경상도를 말한다. 이 말이 사실이라면 보통의 세상에서는 경상도가 더 우대를 받았는데 도계(道界)에서는 전라도가 더 우대를 받았던 것을 알 수 있다. 세상이 거꾸로 된 것이다.

그런데 그럴 수밖에 없는 것이 정산이 만난 사람들은 증산교파에 속한 사람들로 그들은 그곳에서 태을도 식의 치성을 드리고 있었기 때문이다. 그들에게는 당연히 증산이 있던 전라도가 중요한 곳일 수밖에 없었을 것이다.

어떻든 정산은 이 만남을 통해 전라도에 가서 증산교파 사람들을 만나 제대로 도를 전수받아야 한다는 것을 알게 되었다. 특히 전라도에는 증산의 가르침을 전하고 있는 '사모님'이란 분이 있으니 그분을 만나야 한다는 정보를 입수했다.

아마 정산은 당시 벌써 상제로 숭앙받고 있는 증산에 대해서 많은 얘기를 들었을 것이다. 그리고 그 엄청난 분의 부인이 살아 있다는 소식을 듣고 그이를 만나고 싶어 했을 것이다. 이때 말하는 부인은 다름 아닌 차경석의 이종 동생이자 증산의 세 부인 중 하나였던 고판례(일명 고수부)이다.

그런데 원불교의 기록을 보면 조금 이해가 안 되는 부분이 있다. 정산은 고수부가 전라도 정읍에 있다는 소식을 듣고 1917년 그의 나이 열여덟 살 때 식구들에게 정읍에 가서 고수부를 집으로 데려오겠다는 말을 했다는 것이다. 그런데 이것은 이상하지 않은가? 고수부는 당시 증산교파에서 이미 유명한 사람이었으니 교단 내에서도 매우 중요한 사람이었을 것이다. 그런 사람을 경상도에서 온 웬 젊은 총각이 다짜고짜

자기 집으로 데리고 가겠다는 생각을 왜 했는지 그게 궁금하다는 것이다. 그저 가서 한번 만나 보려고 했다면 이해가 되지만 집으로 데려오겠다는 것은 어떻든 이상한 생각이다. 이 의문이 우문이 아니길 바라지만, 아마도 당시 그 지방의 풍습이나 도꾼들의 세계를 잘 모르기 때문에 나온 의문이 아닐까 한다.

어떻든 정산은 집으로 모셔 올 생각을 갖고 고수부를 찾아갔지만 당시는 차경석이 고수부를 철저하게 연금하고 있던 때라 정산은 고수부를 만날 수조차 없었다. 그러나 원불교 문헌에 따르면 정산은 차경석을 만나 대화를 나누었다고 한다. 그리고 정산은 어떤 중개인■으로부터 증산의 생가가 있는 곳으로 가보라는 제의를 받는다. 그때 정산을 안내하던 구씨라는 여성은 후에 소태산 밑으로 들어와 제자가 된다. 이와 같이 당시 사람들이 증산과 소태산 사이를 넘나드는 모습이 아주 재미있다.

그때 증산의 생가에는 증산의 부모와 첫 번째 부인 정씨,

■ 송찬오라는 사람인데 증산의 직제자이기도 했고 나중에 소태산의 제자로 원불교에 입문한다. 그러나 후에 소태산을 떠나 원불교와는 관계가 없는 사람이 된다. 이때에는 이와 같이 증산교파 사람들과 원불교 종도들이 긴밀하게 겹쳐 있었다.

여동생 선돌댁, 그리고 무남독녀인 강순임이 살고 있었다. 상제의 가장 긴밀한 식구들이 살고 있으니 시쳇말로 하면 이건 순전히 대박인 것이다. 기독교로 하면 요셉과 마리아 같은 예수의 부모를 비롯해 예수의 가장 가까운 친척들이 다 같이 살고 있는 것이다. 그런데 증산이 아무리 스스로를 상제라 칭했어도 그의 식솔들은 평범하게 살고 있었던 모양이다. 스무 살도 안 된 앳된 청년이 찾아가도 다 만날 수 있었으니 말이다.

증산의 식구들을 만난 끝에 정산은 선돌댁을 데리고 성주에 있는 자기 집으로 돌아간다. 정씨 부인에게서는 배울 것이 없다고 판단했고 증산의 딸은 너무 어려 잘 모른다고 생각해 증산의 여동생만을 데리고 간 것이다. 그런데 이것도 이상하기는 마찬가지이다. 그녀가 정산을 만난 게 얼마 되지도 않았을 뿐더러 증산의 동생이면 교단에서도 무시 못할 위치에 있었을 텐데, 무엇을 믿고서 상당히 먼 곳에 있는 정산의 집으로 선뜻 따라갈 수 있었냐는 것이다. 이해가 잘 안 되지만 원불교 문헌에서는 답이 안 보인다.

이렇게 해서 정산의 집에 온 선돌댁은 석 달 열흘 정도 동안 증산교 식의 치성을 드렸다고 한다. 소를 잡은 적도 있고 개를 잡아 올리기도 했다는데 무엇을 했는지는 정확히 모른다. 아마도 태을주 같은 주문을 외우면서 제를 지냈을 것으로 생각되는데 이때에도 이적이 나타났다고 한다.

이 이적들이 중요한 것은 아니지만 잠깐 그 면모를 보자. 우선 비가 올 것 같지도 않은데 천둥이 치는 일이 있었다고 한다. 또 다른 이적은 그 전모가 이랬다. 치성 드리는 것을 못마땅하게 생각한 정산의 할아버지가 치성을 그만하라고 하자 그는 배가 갑자기 아파 뒹굴게 되었다. 이것을 본 정산이 "신장이 벌을 줘 그렇다"고 말하고 할아버지에게 치성 드린 청수를 마시게 해 고친 적이 있었다. 또 방 안에서 치성 드리는 내내 그 방 주위에 서기가 서렸는가 하면 호랑이가 동네에 내려와 지켜보았다고 하는 등 여러 일이 있었다고 전해진다. 그러나 이런 일들은 도술과 관련해 당시 민간에서 유행하던 전형적인 일들로 그리 믿을 만한 일은 아닐 것이다(그러나 신화로서는 여전히 유효하다).

아무튼, 정산은 그게 별로 양에 안 찼던 모양이다. 그런데 간혹 그가 눈을 감으면 원만한 용모의 사람과 고요한 해변에 빨간 해초가 있는 풍경이 떠올랐다고 한다. 정산은 이 사람이 자기가 고대하는 스승이고 해변이 바로 그 스승이 있는 곳이라 생각했던 것 같다.

정산은 자꾸만 떠오르는 자신의 스승을 만나러 그해(1917
년) 9월에 두 번째로 전라도에 간다. 그에게는 이 스승이 누
구인지 그리고 이 해변이 어디에 있는지 아무 정보가 없었
다. 이전에는 그게 증산과 관계된 사람인 줄 알고 내처 증산
의 유족들과 관계를 했다. 그런데 결과가 신통치 않았다. 어떻
든 이렇게 해서 전라도로 다시 간 정산은 이 뒤로 한 번도 자
기 고향인 경상도로 돌아가지 않았다. 대신 그의 부모를 비롯
한 가족들이 나중에 그를 따라 모두 전라도로 이주하고 원불
교에 귀의한다.

정산이 다시 전라도로 가서 찾은 곳은 증산의 유족이 살
던 정읍이었다. 이곳은 바로 전에 정산이 잠시 머물던 곳이라
고 앞에서 언급했다. 이렇게 증산의 집을 제집처럼 드나들었
으니 정산은 증산의 가족들과 거의 친지처럼 생활했던 것으
로 보인다. 정산은 이곳에 머물면서 주변에서 이름난 도꾼들
을 만나고 다니는데 이번에는 드디어 고수부도 대면한다. 그
러나 그다지 감명은 없었던 듯하다. 하기야 그가 기대하는 스
승은 아주 원만한 용모의 남자였으니 그 사람을 만나기 전에
는 어느 누구를 만나도 성이 차지 않았을 것이다.

이때 그가 얻은 수확은 증산의 딸인 순임으로부터 『정심요

결(正心要訣)』이라는 책을 얻은 것이었다. 정산은 이 당시 증산의 유족들과 아주 친해져 여동생인 선돌댁은 정산을 '조카'라고 불렀고 순임은 '오라버니'라 불렀다고 한다. 원불교 기록에 의하면 『정심요결』이란 책은 강증산이 순임에게만 그 소재를 말한 비서(秘書)로 "훗날 이 책의 주인이 나타났을 때 주라"고 했다고 한다. 순임은 정산이 바로 그 사람이라 생각하고 『정심요결』을 준 것인데, 순임이 정산을 그만큼 신임한 덕이라 볼 수 있다.

『정심요결』은 중국 도교 계통의 책으로 생각되는데 나중에 원불교단에서 수도서로 『수심정경(修心正經)』이라는 책을 만들 때 저본으로 활용했다고 한다. 여기서 중요한 것은 증산의 책이 직계 자손을 통해 다음에 나오는 종교(원불교)의 교주의 손에 들어갔다는 사실이다. 이로써 다시 한 번 이들 종교들이 유기적으로 깊게 연관되어 있음을 알 수 있다.

정산은 이 책을 가지고 제대로 수련에 진력하고 싶었던 모양이다. 그래서 그는 수도 장소로 모악산 대원사를 택해 들어간다. 그런데 대원사가 어떤 곳인가? 바로 증산이 머물면서 도를 통했다고 전해지는 곳이 아니던가? 정산은 그런 역사적인 곳에서 수도를 하고 싶었던 모양이다. 증산이 그곳에서 수도한 지는 20년도 안 되었다. 추측건대 정산은 아직 대원사에 증산의 기운이 남아 있어 그곳에 들어가서 수도를 하면 쉽게 도통할 수 있을 것으로 생각한 것 아닐까?

아울러 정산이 대원사로 들어간 것은 당시에 그가 아직까지 증산의 길에서 벗어나지 못했음을 보여준다. 그는 그때에도 수도라는 것은 그저 증산처럼 바람과 비를 마음대로 하고 신장들을 마음대로 부리는 것으로만 알고 있었던 것이다. 정산은 강증산의 길을 따르고 싶어 대원사로 들어왔는데 여기서 그는 외려 소태산의 인연과 만나게 된다. 다시 말해 이곳에 들어오면서 소태산을 만날 수 있는 여건을 갖추게 되었다는 것이다.

정산은 대원사에 머물다가 어떤 여성의 초치에 따라 그녀의 집으로 거처를 옮긴다. 그리고 정산은 생애 처음으로 소태산을 그녀의 집에서 만난다. 이 여성의 이름은 김해운인데 보통 '한들댁'이라 불렸던 모양이다.

1918년경인데 증산의 유족들은 한들댁의 집 가까운 곳에 살고 있었다. 한들댁은 증산 부친의 탈상을 돕기도 하고 증산의 딸인 순임이 시집갈 때에는 머리를 얹어줄 정도로 가까운 사이였다고 한다. 그들은 거의 한 집안처럼 가깝게 지낸 것이다. 상제(上帝)라는 분의 식솔들과 한 가족처럼 지냈다니 대단한 일 아닌가? 그래서 그랬는지 한들댁은 태을주 수련에 아주 열심이었단다. 한들댁이 살던 정읍에서 원평까지는 50리 길인데 그는 이를 멀다 않고 다니면서 도꾼들과 교류했다.

원평은 증산도 자주 다녔던 곳으로 당시 전라도 일대의 도꾼들이 그곳에 많이 모여 있었다고 한다(그래 봐야 아마 증산을 신봉하는 사람이 대부분이었을 것이다). 한들댁은 바로 이 사람들을 만나 수도한 것인데 이것 역시 참으로 대단하다는 생각이든다. 도대체 하루하루 먹고살기도 바쁜 그런 시대와 그런 지역에 사는 필부가, 그것도 여성이 어떤 연유로 정신세계에 관심을 가져 그렇게 열성적으로 수도를 했다는 말인가? 물질도 제대로 구비되지 않은 그런 때에 어떤 요인으로 인해 이런 사람들은 물질 너머에 있는 정신세계에 가치를 부여할 수 있었는지 이해가 잘 되지 않는다.

어떻든 한들댁은 이곳 원평에서 살던 이종동생으로부터 '대원사에 생불님이 산다고 하니 만나러 가자'는 제안을 받는다. 정산은 이 이전부터 '만국 양반'이라 불렸다고 한다. 이것은 그의 얼굴이 동산에 떠오르는 달처럼 원만해서 붙여진 이름이라고 한다.

말이 나와서 말이지만 정산의 얼굴은 진실로 온화하기 그
지없다. 노벨문학상 후보로 항상 거론되는 시인 고은도 승려
시절 정산을 만나 보고 "정산의 미소는 우주와 어떤 틈도 없
는 조화의 극치"라느니 "가장 아름다운 산신령"이라느니 "고
승의 원만 구족상을 충분히 갖고 있다"느니 하면서 온갖 찬
사를 늘어놓았다. 지금 사진으로만 보아도 정산은 그만큼 좋
은 얼굴을 가지고 있다. 한들댁은 정산을 처음 만나고 시쳇말
로 '뿅' 갔다고 한다. 그리곤 무작정 정산을 자기 집으로 모셔
가겠다고 제안해 허락을 받은 끝에 1918년 정월에 정산을 데
리고 집으로 간다.

그런데 한들댁의 집은 넉넉한 살림도 아니고 집도 작아서
정산이 혼자 있을 방이 없었다. 하는 수 없이 큰아들 김기부
(법명은 도일)의 방을 둘로 나누어 같이 쓰도록 했다. 이런 이
야기를 들으면 당시의 상황을 어떻게 이해해야 좋을지 가늠
이 안 서 어리둥절하다. 손님을 모실 방도 없으면서 무조건
초치하는 마음이 어찌 보면 아주 무모해 보이기도 하지만 진
리에 대한 마음이 얼마나 간절한가를 알 수 있지 않을까? 그
저 진리를 제대로 알고 싶은 마음에 앞뒤 생각하지 않고 훌
륭한 분을 모시고 싶었던 것이리라. 그런 분을 집에다 모셔

놓고 수도에만 전념할 수 있게 하면 얼마나 좋을까 하는 마음이 수승하기 짝이 없다. 당시 정산이 기거하던 대원사는 아주 가난한 절이라 끼니를 잇기도 힘들었다고 한다. 그래서 한들댁이 무리를 해서라도 정산을 집으로 모셨던 것이리라.

그런데 그 어머니에 그 아들이었던지 큰아들인 김기부도 어머니의 청에 따라 선뜻 자기 방의 반을 내어 주니 그 역시 놀랍기만 하다. 전혀 모르는 사람을 모친의 부탁에 따라 자기 방에 들이는 것 역시 쉽지 않았을 텐데 선뜻 그런 일을 행했으니 그 마음이 아름답기 그지없다. 하기야 김기부는 정산 같은 도인과 같은 방을 썼으니 그것만으로도 크나큰 복을 받은 셈이다. 그런 인연으로 김기부의 아들 둘은 교단으로 출가해 교무(원불교 성직자)가 되는데 그중 셋째아들이 원광대학교 총장직을 지낸 김삼룡(김정용) 교수이다.

이제 정산에게는 서서히 소태산과 만날 시간이 다가오고 있었다. 원불교의 기록에 따르면 소태산은 깨달은 후 자신의 일을 이을 사람이 있다는 것을 미리 알고 있었다. 그 후계자는 당연히 정산이었는데 소태산이 정산을 만나는 건 그가 깨달은 지 3년 뒤의 해(1918년)였다.

1917년 소태산은 10인 1단 조직을 만들었는데, 고제를 여덟 명만 모으고 가장 중요한 중앙 자리는 비워 두고 있었다. 아직 그 제자를 만나지 못했기 때문이리라. 같은 해에 만날 인연이 무르익는 듯했으나 불발로 그치고 약 열 달이 지났다. 어느 날 한창 방언 공사를 하던 중 소태산은 그 제자가 어디 왔는지 보겠다고 하면서 앞산에 올라갔단다. 그곳에서 소태산은 한참 동안 천기를 살폈다. 그리곤 하는 소리가 그 고대하던 제자가 멀리 있지 않으니 찾아 나서자는 것이었다. 영광에서 당시에 정산이 있던 정읍까지 가려면 무장, 고창을 거쳐야 하는데 걸어서 120리나 되는 길이란다. 원불교 기록에는 어떻게 소태산이 정산이 머물고 있던 집을 발견했는지에 대해서는 자세한 언급이 없다. 소태산은 누구에게도 물어보지 않고 찾아가 그 집 앞에 당도했고 그 집에서 정산을 처음 만났다고 쓰여 있을 뿐이다. 소태산이야 정산을 만날 줄 알고 갔겠지만 정산은 자신이 그렇게도 바라던 스승이 갑자기 나타났으니 적이 당황했을지도 모른다. 아니, 정산도 소태산이 가까이 오고 있는 것을 알고 있지 않았을까?

정산을 만난 소태산은 그 길로 정산을 데려가고 싶었지만 한들댁이 정산을 놓고 싶지 않은 마음이 커 일단 그를 두고 먼저 영광으로 돌아간다. 그때 소태산과 정산은 형제의 의를 맺었단다. 하기야 나이 차가 아홉 살밖에 안 나니 그럴 수도 있었을 게다. 스승과 제자 사이가 되는 건 정산이 나중에 소태산이 있는 영광으로 간 다음의 일이었다. 이때 소태산은 정산에게 한량없는 정의(情誼)를 나눈다는 의미에서 담뱃대를 주고 떠난다(당시 풍속에 따르면 담뱃대에는 그런 의미가 있었다고 한다). 그리고 두 달 뒤 정산은 소태산이 있는 영광으로 간다. 처음 이곳에 도착한 정산은, 자신이 고향에서 도를 닦을 때 눈을 감으면 소태산의 원만한 용모와 함께 고요한 해변이 떠올랐는데 바로 여기가 그곳이라는 술회를 남긴다.

지금까지 본 소태산과 정산의 만남에 관한 이야기는 원불교에서 대단히 유명한 것인데, 신심을 갖고 보면 '도인들은 다 저렇게 신비롭게 만난다' 하면서 그냥 지나칠 수 있다. 그러나 한번 더 생각해 보면 선뜻 동의하기 어려운 부분이 꽤 나온다.

우선 소태산이 자신에게 정산이라는 이번 생의 핵심 제자가 있고 그를 곧 만나게 될 것이라고 믿었던 것은 이해할 수 있다. 소태산은 자신의 카르마를 꿰뚫고 있었을 터이니 그런 식의 사고는 그다지 신기한 것은 아니다. 그런데 소태산은 정산의 소재를 파악하기 위해 주위의 산(옥녀봉)에 올라가서 천기를 살폈다고 전해진다. 그리곤 정산이 멀리 있지 않다는 것을 알았다고 하는데 이 점이 조금 이상하다. 소태산은 정산의 기운을 느끼기 위해 반드시 산에 올라갈 필요가 있었을까? 그 기운이라는 것은 무형의 것인데 굳이 높은 곳에 가야 느낄 수 있었느냐는 것이다. 그렇게 하지 않고 가만히 있어도 정산으로부터 어떤 기운이 오는 것을 느낄 수 있지 않았을까 하는 생각이 든다. 아니면 소태산이 정산으로부터 오는 어떤 기운의 색깔을 보기 위해 산 위로 올라간 것은 아닐까 하는 생각도 든다. 그런데 그 기운을 통해 소태산은 정산이 멀리 있지 않다는 것은 어찌 알았을까?

그런데 이런 것들은 그럴 수 있다고 치자. 기(氣)에 아주 예민해지면 이런 일이 있을 수 있다고 생각되기 때문이다. 그러나 정녕 이해할 수 없는 일은 정산이 머물고 있는 집을 소태산이 단번에 찾아간 것이다. 무장, 고창을 거쳐 120리나 되는 길을 어찌 알고 간 것이며 결정적으로 정산이 머물던 한들댁의 집을 어떻게 찾아냈을까? 이해가 안 되는 부분은 바로 여기이다. 원불교 기록에는 소태산이 흡사 예전부터 잘 아는 집을 들어가듯이 한들댁 집을 찾아내어 불쑥 들어간 것처럼 나오는데 과연 그런 일이 물질계인 사바세계에서 가능한 것일까? 혹시 '기'가 안내하는 대로 갔을까 하는 생각도 들지만 그 역시 별 실현성이 없는 것 같다. 아니면 원불교 기록에는 빠져 있지만 누군가가 소태산에게 정산의 소재를 미리 알려준 것은 아닐까? 당시 그 바닥이 뻔하다 보니 정보가 쉽게 유통된 것 아닌가 하는 생각이 드는 것이다.

이런 의문들을 풀려고 이 책을 시작한 것은 아니니 이쯤해서 다음으로 넘어가는데 우리의 주제에 대한 서술은 거의 다 한 셈이다. 당시 한국의 도인들이 어떻게 소통하고 교류했는가를 보려고 한 것이었으니 이 정도면 그 목적은 달성한 셈이라는 것이다. 다음은 마무리 작업으로 정산이 소태산을 만난 뒤 어떤 방식으로 교단을 이끌고 나갔는가를 아주 간략하게 보자.

소태산을 만난 후

정산의 생애 중 이 다음은 당연히 소태산을 만난 후반기이다. 그런데 이것은 자세하게 볼 필요가 없을 것이다. 우선 앞에서 이미 정산의 업적에 대해서 언급한 바가 있기 때문이다. 그리고 이때부터 정산의 일생은 소태산과 원불교 교인들 사이에서만 진행되니 다른 종교인들이 나올 기회가 현저히 줄어 든다. 그래서 이 뒤로는 종교를 넘나드는 도인들의 교류가 잘 발견되지 않는다. 게다가 이 뒤로 정산은 소태산과 거의 같은 행보를 보이니 앞에서 본 소태산의 일생과 겹치는 부분이 많다. 사정이 그러하니 그가 소태산을 만난 뒤 신상에 어떤 변화가 있었는지 아주 간단하게 보고 이 글을 마치도록 하겠다.

정산이 소태산을 찾아오자 소태산은 그 공동체에서 바로 일을 하게 하는 대신 근처에 위치한 산에 굴을 파고 정산을 격리시켰다. 그리 한 이유는 두 가지란다. 하나는 쓸데없이 사람들의 이목을 집중시켜 주목받는 것을 피하기 위해서이다. 그도 그럴 것이 갑자기 최고 제자가 나타났다고 하면, 그것도 경상도에서 온 사람이라고 하면 필시 사람들은 과도한 관심을 가졌으리라. 게다가 일제가 항상 감시하고 있는 터라 고제가 왔다고 해서 요란을 떠는 것은 하나도 도움이 되지 않을 것이다.

두 번째 이유는 정산이 그동안 증산교 식의 수도를 많이 해 수련의 방향이 잘못되어 그것을 교정하기 위함이었다고 한다. 이 수련은 우리가 앞에서 본 것처럼 주문 수련 같은 것을 통해 공연히 비바람을 부르거나 신장을 부리는 수련을 말한다. 정도(正道)의 입장에서 볼 때 이것은 사도(邪道)이기 때문에 이 삿된 도의 물을 빼야 한다.

불교에서도 이런 사술(邪術)에 대한 경고가 많이 전해진다. 참선을 하는 과정에서 작은 신통력을 얻게 되는 경우가 많은데 절대로 그런 것에 집착해서는 안 된다고 가르친다. 그런 사소한 것에 집착하면 대도, 즉 자아 초월에 이를 수 없기 때문이다. 이것은 머나먼 길을 가다가 길에서 작은 재물을 줍게 되어 거기서 그것을 가지고 노는 것과 같은 것이다. 대도를 터득하려면 가야 할 길이 엄청나게 멀기 때문에 이런 작은 것에 걸리면 안 된다는 것이 불가의 생각이다.

그런데 개인적으로 궁금한 것은 소태산이 정산에게 그 삿된 기운을 빼기 위해 어떤 수련을 시켰는지에 대한 것이다. 일설에는 이때 정산이 혹독한 수련 끝에 지병을 얻었다는 이야기가 있다. 그래서 60대 초반이라는 비교적 젊은(?) 나이에 타계했다는 것이다.

그 다음으로 재미있는 것은 정산과 불교 선사와의 만남이다. 방언 공사가 끝나 갈 무렵 3·1 운동 때문에 일제 당국은 한국인들이 만든 단체에 대해 더욱 날선 의심의 눈초리를 보내고 있었다. 이 때문에 소태산은 영광경찰서로 불려가 심문도 당했다. 이러던 차에 소태산은 정산을 일제의 눈에서 벗어나게 하려고 변산에 있는 월명암으로 피신시킨다.

월명암에는 학명(鶴鳴)이라는 꽤 이름 있는 선사가 있었다. 학명은 정산을 흔쾌히 받아들였는데 그는 아마 정산이 불교의 승려가 될 줄로 알았던 모양이다. 그래서 명안(明眼)이라는 불명도 지어 주고, 심지어 중국 북경대학에 유학시켜 장차 한국 불교를 짊어질 큰 재목으로 만들려 했단다. 그러나 그런 것에 관심이 없는 정산이 거절하자 해인사 강원(승려 대학)에 보내 정식으로 교육을 시켜 자신의 뒤를 잇게 하려고 했다.

물론 정산이 학명의 제안을 거절한 것은 당연한 일이다. 여기서 하고 싶은 이야기는 정산이 소태산을 만나기 전에는 증산교파에서 그쪽 식의 수련을 했지만 그 이후에는 불교식의 수련을 했다는 것이다. 정산은 월명암에 있으면서 선불교에 대한 공부나 수련을 많이 했다고 전해진다. 이렇게 종교를 가리지 않고 넘나들었던 정산의 모습을 보기 위해 이 장면을 잠깐 보았다.

그 다음에 정산이 무엇을 했는가 하는 것은 앞에서 부분적으로 보았기 때문에 더 이상 거론할 필요가 없을 것이다. 이 뒤로 정산은 소태산의 그림자가 되어 원불교의 발전을 위해 진력을 다한다. 이와 관련해서 그가 소태산이 열반한 뒤 교단

을 어떻게 이끌었는지, 6·25 전쟁 때에는 어떻게 교단을 지켜
냈는지, 그 이후로 원불교 교단을 어떤 반석 위에 올려놓았는
지 등등에 대해 실로 흥미로운 이야기들이 많이 있지만 그에
대한 자세한 것은 필자의 책(『한국의 종교, 문화로 읽는다』 3권)을
보거나 원불교 교단에서 나온 자료를 참고하면 되겠다.

나가면서

우리는 지금까지 한말과 일제기에 우리 민족의 도인들이 도와 깨달음을 향해 어떤 열정을 보였는지 살펴보았다. 생생한 도계(道界)의 현장을 목도한 것이다. 특히 당시 전라(북)도는 도꾼들의 열기로 후끈 달아올라 있었다. 물론 남학의 예에서 본 것처럼 충청남도에서도 도꾼들의 왕래가 있었지만 전북만큼은 아니었던 것 같다.

흔히들 조선은 실정의 실정을 거듭한 나머지 무능하고 무력하게 나라를 빼앗기고 말았다고 생각을 한다. 그래서 일제에게 일방적으로 당했다는 생각을 갖기도 한다.

그러나 지금까지 검토한 것을 통해 보면 적어도 당시의 민중들은 결코 그렇게 호락호락하지 않았다. 당시의 상황을 지금으로서는 이해하기 힘들지 모른다. 왜냐하면 나라를 빼앗긴다는 것은 오늘날 상상조차 하기 힘들기 때문이다. 당시는 단군 이래 처음으로 나라를 빼앗겼으니 한국은 유사 이래로 가장 암울한 시기였다. 그런 상황에서 우리 민중들은 수동적으로 있지 않고 깨달음을 향해 열정을 태웠다. 아무리 먹고살 게 없어도, 또 나라가 없어졌어도 진리를 향한 열망을 저버리지 않았다. 아니, 이러한 열정은 한국의 전 역사에서 유례를 찾아보기 힘들 정도로 훨훨 타올랐다.

그들은 열렬한 구도 행위를 통해 우선 정신적인 독립을 희구했다. 비록 물질적인 힘은 일본에게 달려 처절하게 시달리다 결국 먹히고 말았지만 정신은 일본에 내어 주기 싫었던 것이다. 그들은 새로운 세계관을 적극적으로 만들어 내려 했다. 그들이 대단하다는 것은 소승의 입장에서 한국만 생각한 게 아니라 대승적으로 전 세계 인민들을 향해 외쳤다는 것이다. 다시 말해 그들은 한국의 정신만을 쇄신하자고 주장한 것이 아니라 전 세계를 향해 이제는 인류가 바뀌어야 한다고 선언한 것이다. 이것이 바로 개벽 시대의 선언이다. 지도에조차 없어져 버린 조선의 이름 없는 민중들이 후천 세계를 이끌어갈 만한 새로운 세계관을 선포한 것이다. 여기에서 우리는 당시의 민중들이 얼마나 적극적인 세계관을 지녔는지 알 수 있다.

이러한 물꼬는 수운에게서 터져 그야말로 고구마 캐듯이 줄줄이 계속되었다. 통상 수운의 동학이나 증산의 증산교파,

소태산의 원불교, 그리고 김일부의 남학이 모두 별개의 종교 운동이라고 생각하기 쉽다. 그러나 이들 종파는 매우 유기적으로 연계되어 있었다. 후대에 나오는 가르침이 그 이전의 가르침으로부터 결정적인 영향을 받으면서 나온 것이다.

다시 말해 동학이 없었다면 증산이 나타나지 않았을 것이고, 증산이 없었다면 원불교가 태동할 가능성이 매우 낮았을 것이라는 얘기이다. 물론 남학은 별도로 생각될 수 있을 것이다. 남학은 후천개벽 시대가 운행되는 원리를 제공했다는 점에서 매우 중요한 가르침이지만 교단으로서는 별다른 족적으로 남기지 못한다. 그 점이 조금 별도라는 것이다.

남학을 제외한 동학, 증산교파, 원불교는 나름대로 선천 시대의 종교를 이으면서 개혁을 했다. 아주 간단하게 정리하면, 동학은 유학과 선도(仙道)를, 증산교파는 선도와 무교(巫敎)를, 원불교는 불교를 이어받아 대폭 개혁한 것이다. 이 세 종파는 새로운 시대를 맞이해 우리 민족이 신봉하고 있던 대표적인 네 종교를 한국적인 시각에서 대대적으로 개혁한 것이다. 그럼으로써 당시 한국인들에게 정신적인 중심을 선사했을 뿐만 아니라 새로운 시대로 접어들고 있는 세계인들을 향해 새로운 세계관을 제시한 것이다.

이 글을 맺으면서 아쉬운 것은 이들이 그 어려운 시기에 무서운 집념으로 만들어 냈던 새로운 세계관이 현대 한국인들에게는 별로 울림이 없다는 것이다. 증산 식으로 표현하면, 현대 한국인들은 동서 각 교파(불교나 그리스도교 혹은 유교)로만 갈 생각을 하지 제 나라에서 움트고 자라난 것에 대해서는 별 관심을 두지 않아 아쉽다는 것이다.

사정이 이렇게 된 데에는 여러 가지 이유가 있을 게다. 가장 큰 이유는 한국을 속국처럼 만들려는 미국의 식민지 정책이 주효했던 것을 들 수 있을 것이다. 그 결과 한국에는 친미 기독교 정권을 세우려는 이승만이 대통령이 되었고 그에 힘입어 기독교는 점차 한국 사회에서 외연을 넓혀 나갈 수 있었다. 이러한 미국의 의도되었으면서도 의도되지 않은 노력은 1980년대에 와서 결실을 맺어 전 국민의 4분의 1이 기독교도가 되는 위업을 달성하게 되었다(물론 여기에는 유럽적인 가톨릭교도도 포함되지만). 미국은 한국을 미국의 속국처럼 만들려는 의도는 갖고 있었지만 이렇게 정신까지 송두리째 바치는 속국을 만들려고 하지는 않았다는 의미에서 의도되지 않았다고 한 것이다(미국도 한국이 이렇게까지 미국화되리라고는 기대하지 않았을 것이다!). 동아시아 국가 중 기독교도가 이렇게 많은 나라는 한국밖에 없다(물론 필리핀은 제외한다). 이것은 미국인(그리고 유럽인)들이 기울인 노력 덕분인 때문도 있겠지만 한국인 자신들이 이러한 서양의 도전에 제대로 응대하지 못하고 그냥 맹목적으로 따른 탓도 클 것이다.

불교나 유교도 그렇지만 한국의 신민족 종교들은 아직도 근대화를 하지 못하고 있다. 종교는 무릇 시대나 사회를 앞에서 선도해야 한다. 다시 말해 종교가 사회를 이끌고 가야 한다는 것이다. 따라서 종교는 시대의 변화에 발맞추어 계속해서 변화해 나아가야 한다. 사회가 무서운 속도로 변하니 그것에 뒤처지지 않게 노력해야 한다는 것이다. 서양의 기독교는 이런 작업을 아주 잘했다. 그래서 기독교는 근대적인 개혁에 성공했을 뿐만 아니라 더 나아가서 현대에서 적응하는 데에 별 문제가 없었다. 특히 도그마에 빠져 있던 교리나 조직 원리를 상당한 범위에서 합리적인 수준으로 끌어올린 것은 높이 평가할 만하다.

반면 한국의 신민족 종교들은 항상 시대나 사회를 따라가기에 바쁘다(아니 많은 경우에 역행을 한다!). 사회의 수준을 따라가지 못하는 것이다. 특히 합리성의 영역에서 한국의 신민족 종교는 현저하게 떨어진다. 심지어 어떤 경우에는 사회에 누를 끼쳐 외려 사회인들이 종교를 걱정하게 만든다. 이것은 상황이 정반대가 된 것이다. 종교가 사회를 걱정해야지 사회가 종교를 걱정하게 만들어서는 안 된다. 그런데 한국의 신민족 종교 교단에서는 지금 이와 같은 일들이 벌어지고 있다. 따라서 이 교단들에서 심기일전의 대변환이 일어나야 하는데 아직은 그런 조짐이 없다. 만일 이 같은 대변환이 일어나지 않는다면 한국 신민족 종교들의 미래는 그다지 밝지 않다고 하겠다. 그러나 세상의 도수는 어찌 바뀔지 모르니 좀 더 두고 보기로 하자.